**War & Peace
Studies
Book Guide**

小田桐 確 編著
Tashika Odagiri

戦争と平和
ブックガイド
● 21世紀の国際政治を考える

ナカニシヤ出版

はじめに

　本書は，国際政治学（国際関係論）を学ぶ大学生・大学院生に向けた文献案内である。戦争と平和の諸問題を考える上で必読の書・三十冊を厳選した。いずれも，2000年以降の出版物である。20世紀に書かれた古典的名著に関しては，既刊のブックガイドや教科書において詳細な解説がなされている。本書では，類書がまだ扱っていない比較的近年の学術書を取り上げることにした。また，日本の研究状況を掴んでもらうため，和書に限定した。相応しいものが見当たらない場合は，邦訳書を紹介した。

　もう一つの目的は，研究の仕方や論文の書き方を例示することである。問い（リサーチ・クエスチョン）を立て，それに答えるには，何をどのような手順で行えばよいのか。各章では，「研究動向」のセクションで，分野ごとの現状と課題を整理し，後に扱う書籍の学術的な背景や意義を概説する。続いて，「文献解題」として一冊の書物を取り上げ，問いの立て方や研究の進め方を具体的に紹介する。書籍の選定に際しては，方法論に自覚的であり，かつ，脚注や参考文献リストなどの体裁が整っている専門書を優先した。

　国際政治学が扱う戦争と平和の問題には，本書で論じたもの以外にも重要な主題があろう。例えば，国際テロ，海賊，子ども兵，気候変動など「非伝統的」と称される安全保障問題である。実際，企画の段階ではこれらを取り上げるべく検討したが，本書の趣旨に適う書籍に出会えず，独立の章を設けることを断念した。個々の学術論文を別にすれば，日本では研究成果が十分に蓄積されていない分野であり，今後の探求が期待される。

　本書は，編著者と他の著者との率直なやり取りの成果である。とりわけ，勤務先の同僚であり，研究室が程近い岸野浩一先生には，本書全般に関して相談に乗ってもらった。また，著者のほかにも，多くの方々にお世話になった。なかでも，佐々木葉月先生（金沢大学）には，国際テロ関連の文献情報をご教示いただいた。御礼申し上げる。最後になるが，本書は，ナカニシヤ出版編集部・米谷龍幸氏のご示唆を得て着手した企画である。出版に至るまでの三年間，著者一同を励まし，丁寧な作業で支えてくださった米谷氏と編集部の皆さまに謝意を表する。

編著者　小田桐　確

目　　次

目　次

III　非国家主体と武力紛争

IV　国際平和への方途

I 武力紛争の原因

力の分布

小田桐 確

> 国力の変化はなぜ戦争を引き起こすのか

　国際関係において，物理的強制力の保有や使用は，主権を有する各国家の判断に委ねられている。国家間の関係は無政府状態（anarchy）に置かれており，いつ暴力が行使されてもおかしくない。各国家は自力で生存と安全を確保しなければならない自助の体系下にあり，これが戦争の根本原因である（ウォルツ 2010）。実際，17世紀半ばに主権国家体制が成立して以降，時代により異なる争点をめぐって，戦争が繰り返されてきた（Holsti 1991）。とはいえ，諸国家が常に戦時下にあったというわけではない。では，戦争発生の確率を高める要因や条件とは何であろうか。

研究動向

　世界中央政府を欠く無政府状態において，暴力装置（軍事力）を独占する主体である主権国家が，いかに行動するか。欧州では 18 世紀初頭以降，複数の大国間で「勢力均衡」を保つことが国際関係安定の要諦とされ，外交実践の指針とされてきた。また，20 世紀に入り，学問分野としての国際政治学（国際関係論）が体系化されると，リアリストの間で「勢力均衡」が理論化された。こうした観点に立てば，大国間の力の差が小さいほど国際関係は安定し，戦争は起こりにくいとされる。

　同じ勢力均衡体系でも，二極構造と多極構造を比べると，国際システムの安定度（大国間戦争の生起確率）が異なる。古典的リアリストは，欧州国際政治の歴史的教訓を踏まえ，三つ以上（特に五〜六）の大国から成る多極体系が比較的安定しやすいと主張した（モーゲンソー 2013）。というのも，状況の変化に応じて柔軟に同盟を組み替えて力関係を調整し，勢力均衡を回復できるからである。それに対し，二つの大国から成る二極体系の安定度の高さを説いたのが，ネオリアリストである（ウォルツ 2010；ミアシャイマー 2019）。有力な同盟候補国が不在であるがゆえに，第三国の動向に左右されることがなく，不確実性が小さくなるからである。そ

のほか，多極体系のなかでも三極体系の不安定性を強調する研究がある（Schweller 1998）。

　勢力均衡のうち二極と多極のいずれがより安定的であるかという点に関しては，それぞれの妥当性を示す分析結果があり，実証面での判定は不確定である。なお，米国では，統計学的な手法による戦争原因の分析が盛んであり，様々なデータセットを基にした研究成果が蓄積されている。なかでもよく知られているのが「戦争の相関（Correlates of War）プロジェクト」である（Lear et al. 2012）。実証的・科学的な戦争研究の入門書としては，多湖（2020）を参照されたい。

　では，勢力均衡状態から，なぜ戦争が生じるのか。一つの解答が，「安全保障のディレンマ」である。軍備増強や同盟締結など自国の安全を高めようと意図した国家の行動が，他の国家に同様の措置を促し，結果的に衝突に繋がる緊張の増加を生み出してしまう状況を指す（Jervis 1976, 1978）。各国は現状変更を望んでいないにもかかわらず，不安と恐怖が相互不信を生み，誤算を招く（土山 2014）。

　安全保障のディレンマは，諸条件に応じて緩和し，激化する。不確実性の度合いがディレンマの深刻さに作用するとすれば，二極体系よりも多極体系においてディレンマが生じやすいであろう。他の要因としては，攻撃・防御バランス（の信念）が指摘される。兵器体系が攻撃優位である場合，防御優位の時よりも安全保障のディレンマが悪化し，国際協調が困難になる（Jervis 1976, 1978；Quester 1977）。典型例として頻繁に引用される事例が，第一次世界大戦の勃発である（Van Evera 1999）。

　さらに，力関係の変動が安全保障のディレンマを悪化させる（Copeland 2001）。パワー・シフトの時期に最も戦争が起こりやすいとの議論である。なかでも，覇権国とそれに挑戦する国との間で生じる力の移行をパワー・トランジッションと呼ぶ。覇権安定論によれば，圧倒的に大きな国力を有する一つの大国が存在する時，つまり，覇権国と他の諸国家の間の国力の差が大きい時は，戦争が起こりにくい。ところが，覇権国に次ぐ国家が力を増大させるにつれ，覇権国に対して敵対的な行動をとるようになる。究極的には，覇権国と挑戦国との間で国際秩序の主導権をめぐる覇権戦争が生じるという。ただし，覇権戦争がどのタイミングで，どのようにして始まるのかに関しては見解が一致していない（Organski 1958；Organski & Kugler 1980；Gilpin 1981；Copeland 2001）。力の移行という観点から米中関係を分析した書として，梅本（2018）がある。

　さて，ケネス・ウォルツは，戦争原因論を三つの分析レベル（イメージ）に分類した（ウォルツ 2013）。そのうち，ウォルツ自身が依拠したのは，国家間の力の分布

に着目する第三イメージであった。本章で紹介してきた見方は，いずれもこのレベルに該当する。ほかに，人間の本性や個人のパーソナリティといった第一イメージ，国内の政治経済体制や政府内外の政策決定過程といった第二イメージがある。戦争原因論を分析レベルごとに整理した概説書として Levy & Thompson（2010），第一次世界大戦を事例にした諸理論の検討として Levy & Vasquez（2014）を参照されたい。また，戦争研究全般の概説書として，猪口（1989）がある。

　ところで，戦争は外交の失敗として認識されることが多いが，政治や外交は力を背景にして営まれる（ローレンほか 2009）。その意味では，戦争は政治や外交の延長として捉えられる（クラウゼヴィッツ 2001）。もし戦争が意図的な結果であるなら，そのような選択がなされるのはなぜか。国家間の戦略的相互作用を重視する交渉モデル論を提起した Fearon（1995）によれば，戦争は勝敗に関係なくコストがかかるのであるから，合理的な国家にとっては非効率である。にもかかわらず戦争という帰結が導かれるのは，二つの原因による。一つは，情報の不完備性である。国家は，他国の能力や意図を正確には知りえない。仮にこれらを知りえたとしても，もう一つの難題が残る。コミットメント問題である。国家の意図は将来変わりうるから，現在の確約は信頼性を欠くことになる。将来の自国の立場の悪化を見越して，「予防戦争」を仕掛ける誘因が働くのである。数理モデルを援用した戦争原因論の紹介としては，山本・田中（1992），石黒（2010）を参照されたい。

文献解題

> 野口和彦『パワー・シフトと戦争──東アジアの安全保障』東海大学出版会，2010 年。

　戦争原因研究の課題は因果理論の構築と検証であるが，日本では，国際システム要因からの考察は活発とはいえない。そうしたなか，合理性の仮定の下，演繹的で簡潔なシステムレベルの一般理論構築を目指すのが本書である。具体的には，パワー・シフトを独立変数とし，従属変数である戦争との因果関係を明らかにする。

　まず，著者自身が依拠するリアリズムの先行研究を批判的に渉猟し，問題点を析出する。野口によれば，既存のパワー・シフト論が抱える最大の問題点は，現状維持バイア

スである。すなわち，衰退国が始める戦争（予防戦争）を重視する一方，台頭国が引き起こす戦争（機会主義的戦争）を軽視している。

　それに対し，野口理論は，衰退国のみならず台頭国の誘因までを射程に収め，戦争のタイミングを明らかにしようとする。一方で，衰退国が，戦争以外の手段では独立を守れず国家の存立も維持できないと判断し，かつ，戦争のコストが現状維持のコストを下回るとき，予防戦争が合理的な選択となる。他方で，台頭国が興隆の過程で戦争を始めることもありうる。台頭国は，現状維持のコストと武力行使のコストを比較考量して，機会主義的戦争を行うかどうかを決定する。

　では，コスト計算に影響を与える要因は何か。第一に，国家間のパワー・バランスの変化である。特に，変化が急激であるほど，国家は武力行使への誘因を高め，戦争を起こしやすくなるという。台頭国の視点で見れば，自国に有利に力の分布が変動し，勢力圏を拡大できる機会が到来しつつある状況である。現状維持政策に比べて，武力による現状打破が低コストである場合，時間稼ぎは合理的な選択ではない。第二に，戦争のコストは，攻撃・防御バランスに依存する。これは，科学技術（兵器の能力）と地理的距離から算出される。台頭国にとっては，攻撃の優越度が増すほど武力行使のコストが小さくなり，大胆で強硬な全面戦争を行うことができる。こうして，国際システムにおける力の分布の急激な変化が，攻撃・防御バランスという先行条件の影響を受けつつ，戦争を引き起こすという仮説が導出される。

　次に，この仮説を比較事例研究という定性的手法で検証する。具体的には，基準を定めて五つの事例を選択し，過程追跡により因果関係を観察する。丹念な考察を踏まえ，太平洋戦争など三つの事例が予防戦争の因果メカニズムを，朝鮮戦争など二つの事例が機会主義的戦争の因果メカニズムを裏づけたと評価される。また，競合理論（国内政治レベルの諸理論）に比べて説明能力が高いと結論づけられる。

　最後に，米中関係の将来への含意が示される。両国が核保有国同士であること，また地理的に隔絶していることから判断すると，米中間の攻撃・防御バランスは防御優位であり，大規模な米中戦争に発展する蓋然性は低いとの見通しが示される（この点，野口（2012）も参照）。

　本書に対しては，残された論点をいくつか指摘できる。例えば，パワー・シフトの速度はどのように測定されるのか，機会主義的戦争仮説と予防戦争仮説はどのような関係にあるのか，攻撃・防御バランスは衰退国の行動にいかなる影響を与えうるのかといった諸点である。また，野口理論の一般化を図るには，東アジア以外で生じた戦争の事例への適用も求められよう。日本発の本格的な戦争原因一般理論と

して，さらなる精緻化が期待される。

引用・参考文献

石黒　馨『インセンティブな国際政治学——戦争は合理的に選択される』日本評論社，2010 年。
猪口邦子『戦争と平和』東京大学出版会，1989 年。
ウォルツ，K.『国際政治の理論』河野　勝・岡垣知子（訳），勁草書房，2010 年。
ウォルツ，K.『人間・国家・戦争——国際政治の 3 つのイメージ』渡邉昭夫・岡垣知子（訳），勁草書房，2013 年。
梅本哲也『米中戦略関係』千倉書房，2018 年。
クラウゼヴィッツ，C. V.『戦争論 上・下』清水多吉（訳），中央公論新社，2001 年。
多湖　淳『戦争とは何か——国際政治学の挑戦』中央公論新社，2020 年。
土山實男『安全保障の国際政治学——焦りと傲り』第 2 版，有斐閣，2014 年。
野口和彦「パワー・トランジッション理論と米中関係」『国際安全保障』39(4)，2012 年，7-20.
ミアシャイマー，J. J.『新装完全版　大国政治の悲劇』奥山真司（訳），五月書房新社，2019 年。
モーゲンソー，H. J.『国際政治——権力と平和 上・中・下』原　彬久（監訳），岩波書店，2013 年。
ローレン，P. G.，ジョージ，A. L.，& クレイグ，G. A.『軍事力と現代外交——現代における外交的課題』木村修三ほか（訳），有斐閣，2009 年。
山本吉宣・田中明彦（編）『戦争と国際システム』東京大学出版会，1992 年。
Copeland, D. C., *The Origins of Major War*, Ithaca, NY: Cornell University Press, 2001.
Fearon, J. D., "Rationalist Explanations for War," *International Organization*, 49(3), 1995, 379–414.
Gilpin, R., *War and Change in World Politics*, Cambridge: Cambridge University Press, 1981.
Holsti, K. J., *Peace and War: Armed Conflicts and International Order, 1648–1989*, Cambridge: Cambridge University Press, 1991.
Jervis, R., *Perception and Misperception in International Politics*, Princeton, NJ: Princeton University Press, 1976.
Jervis, R., "Cooperation Under the Security Dilemma," *World Politics*, 30(2), 1978, 167–214.
Lear, J. B., Macaulay, D., & Sarkees, M. R., eds., *Advancing Peace Research: Leaving Traces, Selected Articles by J. David Singer*, Abingdon: Routledge, 2012.
Levy, J. S., & Thompson, W. R., eds., *Causes of War*, Chichester: Wiley-Blackwell, 2010.
Levy, J. S., & Vasquez, J. A., eds., *The Outbreak of the First World War: Structure, Politics, and Decision-Making*, New York: Cambridge University Press, 2014.
Organski, A. F. K., *World Politics*, New York: Alfred Knopf, 1958.
Organski, A. F. K., & Kugler, J., *The War Ledger*, Chicago, IL: University of Chicago Press, 1980.
Quester, G. H., *Offense and Defense in the International System*, New York: John Wiley, 1977.
Schweller, R. L., *Deadly Imbalances: Tripolarity and Hitler's Strategy of World Conquest*, New York: Columbia University Press, 1998.
Van Evera, S., *Causes of War: Power and the Roots of Conflict*, Ithaca, NY: Cornell University Press, 1999.

参考資料

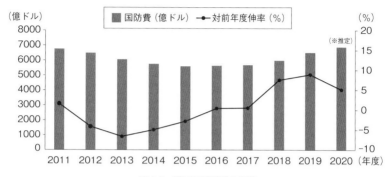

図 1-1　米国の国防費の推移

（防衛省 HP『令和 2 年版防衛白書』〈https://www.mod.go.jp/j/publication/wp/wp2020/html/
n12101000.html#zuhyo01020101（確認：2021 年 2 月 7 日）〉の図を一部改変）

注 1）Historical Tables（Outlays）による狭義の支出額。
注 2）2020 年度の数値は推定額。

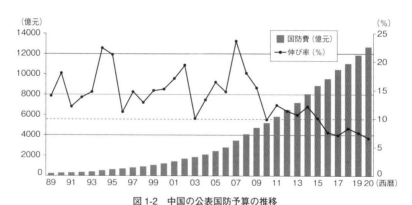

図 1-2　中国の公表国防予算の推移

（防衛省 HP『令和 2 年版防衛白書』〈https://www.mod.go.jp/j/publication/wp/wp2020/html/
n12202000.html#zuhyo01020201（確認：2021 年 2 月 7 日）〉の図を一部改変）

注）「国防費」は，「中央一般公共予算支出」（2014 年以前は「中央財政支出」と呼ばれたもの）における「国防
　予算」額。「伸び率」は，対前年度当初予算比。ただし，2002 年度の国防費については対前年度増加額・伸
　び率のみが公表されたため，これらを前年度の執行実績からの増加分として予算額を算出。また，16 年度，
　18 年度，19 年度及び 20 年度は「中央一般公共予算支出」の一部である「中央本級支出」における国防予
　算のみが公表されたため，その数値を「国防費」として使用。

経済的相互依存

岸野浩一

> ### 貿易はなぜ戦争に結びつくことがあるのか

　経済的なグローバル化の進展により，世界規模で貿易額が増大し続けている。貿易を通じて経済的相互依存の関係が深化した国同士は，互いを必要とするため戦争を回避するように思われる。しかし，実際には貿易を盛んに行う国同士でも戦争が起こっている。いったいなぜ，平和に結びつくと考えられる貿易の増大が，戦争と結びつくのだろうか。

研究動向

　貿易と戦争をめぐっては，これまで様々な主張がなされてきた。17世紀頃より，西欧の「重商主義」の言説において，貿易は各国が自らの国力と国富を増大させる手段と捉えられ，戦費調達に役立つものとして認識されてきた（ヴァイナー 2010；マグヌソン 2009）。だが18世紀頃の西欧では，イマヌエル・カントやシャルル=ルイ・ド・モンテスキューらによって，貿易の増大は商業精神を育み，国民間の相互依存状況を作り出すことで，戦争回避につながると主張されるようになった。また19世紀から20世紀初頭には，リチャード・コブデンやラルフ・ノーマン・エンジェルらが相互依存を生じさせうる自由貿易と平和との結びつきを論じた。

　ところが，貿易による相互依存関係が見られた英独間で戦争が起こる。人類最初の世界大戦が発生したのである（小野塚 2014）。20世紀の両大戦間期には，自由貿易と平和とを結びつける主張は批判にさらされた。エドワード・ハレット・カー（2011）は，自由貿易による諸国の「利益の調和」を説く経済リベラリズムを批判し，リアリズムの観点から諸国が追求する経済力のあり方と貿易とが不可分であることを示した。第二次世界大戦の勃発後は，貿易と国力増強や戦争との関係を，国際政治経済の歴史や思想をふまえ実証的に明らかにしようとする研究が提示された（ハーシュマン 2011）。

　1970 年代には，欧州共同体（EC）の形成を一つの契機として，経済的相互依存が武力行使や紛争を抑制することを説くリベラリズムが再び台頭する（Rosenau & Tromp 1989）。1970 年代の石油危機以後，貿易摩擦などの経済問題の優先順位が高まった状況を分析すべく，ロバート・コヘインとジョセフ・S・ナイ（2012）が相互依存論の理論化を進めた。彼らによると，相互依存の深化が，貿易の断絶を生む軍事力行使のコストを高めることで，武力衝突の可能性は低減されていくとされる。しかし，国家間の依存状況が非対称的である場合，相手により強く依存する脆弱性の高い国に対し，依存される側の国はパワーを有することになる。したがって，国家のパワー追求を強調するリアリズムの観点から，各国は脆弱性への関心を持ち，依存状況の回避や他国への依存度合の低下を目指す行動をとることが示される（ウォルツ 2010）。

　かくして，リアリズムは，相互依存関係が他国の強大化と自国の弱体化への懸念を生み，各国の緊張状態を高め戦争につながりうるとして，自由貿易に対し否定的な見解を提起するが，リベラリズムは，平和を作り出す相互依存関係を深化させるための自由貿易を進めるべきであると主張する。両者の論理の対立を，バリー・ブザンは「リベラルとリアリストの間のディレンマ」（the liberal-realist dilemma）と呼び，このディレンマは 21 世紀初頭の西洋や日本などと中国との関係に最も明瞭に現れているとした（Buzan & Wæver 2003）。2000 年代に入っても経済的相互依存と紛争の連関をめぐる議論は続いており（Mansfield & Pollins 2003），武力紛争と相互依存度との相関を検証する計量分析などが展開されてきた（Barbieri 2002）。近年の研究では，上記の「ディレンマ」を乗り越えようとする貿易期待説が提唱されている（Copeland 2014）。同説では，相互依存状況の下で各国は，将来も貿易が期待できる場合に戦争回避の行動をとり，期待できない場合に武力行使も選択肢とするため戦争が起こりうるとされる。この研究に対しては，政策決定者の期待値をどう確定するのかという方法論上の問題点や（永澤 2018），現状維持国が理論の前提となっており，現状変更を試みる国の行動が説明できないのではないかとの批判などが提起されている（長谷川 2016）。

文献解題

長谷川将規『経済安全保障——経済は安全保障にどのように利用されているのか』日本経済評論社，2013 年。

　本書は，「経済安全保障」の理論構築を目指すものであり，第 5 章において貿易と「戦争と平和」との結びつきが論じられる。本書で著者は，21 世紀初頭の日本の視点から，大国化する中国（中華人民共和国）と相互依存関係を強める日本がいかなる行動をとるべきかを考えるべく，国際経済と安全保障の交差点についての理論化を試み（第 1・2 章），とりわけ中国をめぐる事例を挙げて理論検証を試みている（第 3・4 章）。先にみたブザンの提起する「ディレンマ」の問題に，まさに渦中の現代日本の立場から実証的な理論を携え接近しようとする研究であるといえよう。

　第 5 章「通商リベラリズムと戦争と平和——経済的相互依存は平和をもたらすのか」では，まず先行研究における「通商リベラリズム」とその批判が紹介される。そのうえで，経済的相互依存の状況下で平和が維持されたケース（第二次世界大戦後の日米・西欧）と，同状況があったにもかかわらず戦争となったケース（第一次世界大戦に至る英独）を挙げて，通商リベラリズムの主張とその批判はいずれも決定力に欠けると論ずる。そこで著者は，第三のグループとして，経済的相互依存が平和と戦争のいずれに帰着するかは介在要因に由るとする見解を解説する。先行研究では介在要因として，①特恵貿易協定，②民主的政治体制，③将来の貿易動向の予想，④現状維持国と変更国との経済関係などが挙げられてきたとされる。

　以上の検討から，著者は介在要因を重視する観点を妥当としたうえで，最重要の介在要因であり，先行研究が見落としてきた視点として，安全保障のための経済的手段としての「経済安全保障」を提示する。各国がいかなる経済安全保障の方法を採り，それが成功するか否かによって，経済的相互依存の下での戦争と平和が左右されるという。経済安全保障の方法は，次のように分類される。(1) シグナル：重要な安全保障上のメッセージを相手国に伝えるために，経済的な損害や利益およびそれらの脅しを与えること。(2) 強化：経済政策によって自国や友好国のパワーを維持・補強すること。(3) 封じ込め：経済的な締め付けなどで相手国を弱体化させ

ること。(4) 強制：経済的損害を利用し相手を望ましい方向へ動かすこと。(5) 買収：経済的利益と引き換えに相手を望ましい方向へ動かすこと。(6) 相殺：様々な経済政策により経済的な悪影響を無効化するためこと。(7) 抽出：相手国側の経済的依存を利用して安全保障上重要な富と資源を調達すること。(8) 誘導：経済的依存を利用して相手国の国益を変容させて迎合に導くこと。以上の八つである。例えば相互依存状況下で禁輸が「強制」や「封じ込め」を意図して行われると，相手国の恐怖心を高め武力行使の誘因を高めてしまうが，「シグナル」として適切に遂行されれば，戦争の回避につながる。よって，こうした「経済安全保障」の視点を導入することで，経済的相互依存状況がいつ戦争や平和につながるのか，その因果関係や条件を分析し，適切な政策とは何かを議論することが可能になるとされる。

　本書が提示する「経済安全保障」の理念型を用いることで，貿易がなぜ平和のみならず戦争と結びつくことがあるのか，また具体的に各国はどのような貿易政策をとることで平和を実現しうるのかを考え，研究することが可能となるだろう。なお，村山 (2014) が評しているように，本書のアプローチにより研究を進めるためには，各国がいかなる経済安全保障を意図しているのかを見極める方法が課題となるため，著者自らも今後の課題としている国内政治研究（政策決定過程や国内経済政策などの検討）との連接が求められよう。

引用・参考文献

ヴァイナー, J.『国際貿易の理論』中澤進一（訳），勁草書房，2010 年。
ウォルツ, K.『国際政治の理論』河野　勝・岡垣知子（訳），勁草書房，2010 年。
小野塚知二（編）『第一次世界大戦開戦原因の再検討——国際分業と民衆心理』岩波書店，2014 年。
カー, E. H.『危機の二十年——理想と現実』原　彬久（訳），岩波書店，2011 年。
経済産業省（編）『通商白書 2019（令和元年版）』勝美印刷，2019 年。
コヘイン, R. O.・ナイ, J. S.『パワーと相互依存』滝田賢治（訳），ミネルヴァ書房，2012 年。
永澤雄治「紛争と協調の経済的相互依存——分析概念の検証」『総合政策論集（東北文化学園大学総合政策学部紀要）』17(1)，2018 年，3–18。
ハーシュマン, A.『国力と外国貿易の構造』飯田敬輔（訳），勁草書房，2011 年。
長谷川将規「書評：Dale C. Copeland, Economic Interdependence and War」『国際安全保障』44(1)，2016 年，103–107.
マグヌソン, L.『重商主義——近世ヨーロッパと経済的言語の形成』熊谷次郎・大倉正雄（訳），知泉書館，2009 年。
村山裕三「書評：長谷川将規著『経済安全保障——経済は安全保障にどのように利用されているか』」『国際安全保障』42(1)，2014 年，98–101.
Barbieri, K., *The Liberal Illusion: Does Trade Promote Peace?*, Ann Arbor, MI: University of Michigan Press, 2002.
Buzan, B., & Wæver, O., *Regions and Powers: The Structure of International Security*, Cambridge: Cambridge University Press, 2003.
Copeland, D. C., *Economic Interdependence and War*, Princeton, NJ: Princeton University Press,

2014.

Mansfield, E. D., & Pollins, B. M., *Economic Interdependence and International Conflict: New Perspectives on an Enduring Debate*, Ann Arbor, MI: University of Michigan Press, 2003.

Rosenau, J. N.,& Tromp, H., eds., *Interdependence and Conflict in World Politics*, Aldershot: Avebury, 1989.

参考資料

表 2-1　第一次世界大戦までの主な経緯と主要諸国の参戦過程（著者作成）

年	出来事
1840	アヘン戦争（～ 1842，第一次阿片戦争）
1849	英国・航海法（条例）廃止による自由貿易政策の拡大
1853	米国・黒船（ペリー艦隊）来航　　　　　　　　　　クリミア戦争（～ 1856）
1868	明治維新
1870	普仏戦争（～ 1871，プロイセン・フランス戦争）
1871	ドイツ帝国成立　　　　　　　　イタリア王国のローマ遷都
1873	1873 年恐慌（欧州と北米における 1873 年からの「大不況」） 三帝同盟（ドイツ・オーストリア・ロシアの同盟）成立（～ 1887）
1882	三国同盟（ドイツ・オーストリア・イタリアの同盟）成立
1887	独露再保障条約締結（～ 1890）
1894	露仏同盟成立　　　　　　　　　　日清戦争（～ 1895） 第一次エチオピア戦争（～ 1896，アビシニア戦争）
1898	ドイツ・フランス・ロシア・イギリスによる清からの租借地獲得 米西戦争（アメリカ・スペイン戦争）　　　　　　　米国・ハワイ併合
1899	南アフリカ戦争（～ 1902，第二次ボーア戦争）
1902	日英同盟成立（～ 1923）
1904	日露戦争（・～ 1905）　　　　　　英仏協商成立
1907	日仏協約・日露協約成立　　　　　英露協商成立（英仏露の三国協商成立）
1908	オスマン帝国における青年トルコ革命 オーストリアによるボスニア・ヘルツェゴビナの併合
1914	サラエヴォ事件（6/28）　　　　　オーストリアによるセルビアへの宣戦布告（7/28） **第一次世界大戦勃発**（ドイツ・オーストリア・ロシア・英国・フランス・日本・ オスマン帝国などの参戦）
1915	ロンドン条約（密約）締結　　　　イタリアの三国同盟離脱と参戦
1917	ロシア革命（「二月革命」および「十月革命」）　　　　米国の参戦（4 月）
1918	ドイツ革命（十一月革命）　　　　ドイツと仏英等との休戦協定締結（11/11）

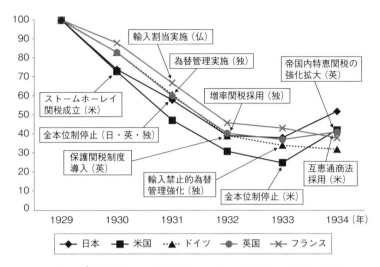

図 2-1　戦間期（1930 年代前半）における日米独英仏の貿易額の推移

（経済産業省 2019：183）

注）1929 年時点の貿易額を 100 とする。

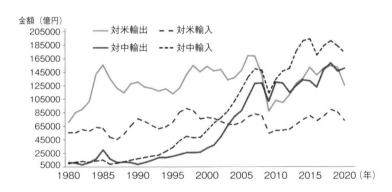

図 2-2　現代日本の対米・対中貿易額の推移（著者作成）

（財務省貿易統計「輸出入額の推移（地域（国）別）」〈https://www.customs.go.jp/
toukei/suii/html/time.htm（確認：2021 年 2 月 7 日）〉を一部改変）

Chapter 03 革　命

鶴見直人

> なぜ革命は武力紛争の火種となり続けるのか

　革命と戦争が 20 世紀を形作ってきたと指摘するハンナ・アレントの書き出しは広く知られている（アレント 1995）。国際社会の安定を左右し，その秩序を刷新するきっかけとなってきた両者は，戦争が革命を引き起こす背景要因となり，また逆に革命を警戒する国々が干渉することで，戦争が生じてきた。このように，革命と戦争が深くつながる歴史に鑑みれば，革命は一国内の政治変動の問題にとどまらず，国際的な問題であり続けてきたといってよい。ある国家における革命に注目したり，それらの比較を行う歴史社会学など（ムーア 2019；スコッチポル 2001）とはまた異なった，国際関係現象としての革命と武力紛争についての研究を見てゆこう。

研究動向

　そもそも革命とは何か。戦争などと同様，革命という言葉もまた唯一の定義に帰されるものではない。その理由は，「IT 革命」「産業革命」「軍事革命」や「外交革命」といった具合に，転換点の重要性をことさら強調するための修辞として用いられる例からも見てとれよう。

　国際政治においても同様の傾向がある。クーデターから暴動，デモによる政権交代といった言葉に置き換え可能な幅広い政治変動の事例に対し，革命という呼称があてられる。また，時に大規模な暴力を伴いながら，政治的かつ社会的な変化が共振する現象も革命だと認識される。こちらは統治する側が一新される政治変動のみならず，統治される側にとっても抑圧状況からの解放や政治参加の拡大などの社会的な変動が同時に生起するもので，中野実はこれを体制変動として区別する。体制変動の典型に革命が挙がり，その過程に様々な政治変動が含まれることとなる（中野 1989）。この例には，18 世紀末から 19 世紀初頭の大西洋革命（米，仏，ハイチ），20 世紀初頭のロシア革命，そして 1979 年のイラン・イスラーム革命などが挙げら

れるだろう。

　革命によって誕生した国家は，その時点で周囲の国と比べて「異質な存在」と認識されることで，周辺国から干渉を受けてきた。アメリカの独立戦争，フランス革命とロシア革命への干渉戦争，イラン・イスラーム革命に対する干渉戦争としてのイラン・イラク戦争といった例に見られるとおりである。革命と戦争の分かち難い結びつきは，これまで主に歴史的なアプローチから外交史／国際関係史として取り上げられてきた（キッシンジャー 2009；カー 2000）。また，新古典派リアリストであるスティーヴン・ウォルトは，彼の「脅威の均衡」理論を用いて『革命と戦争』を著している。革命国家は，周辺諸国から異質な存在と見られるため，その意図も国力も誤認されやすい。また，亡命者や難民の発生を前に国際社会は一致した対応を取りづらい。こうした不確実性の増した状況において，脅威の均衡を図ろうとする国家の行動が戦争の誘因を高める，というわけである（Walt 1996）。

　国際政治学においては，ウォルツ流の（ネオ）リアリズムが主流派となって以降，革命が国内問題として軽視されてきたとフレッド・ハリディは指摘していた。ただし，ハリディは革命において国内の所有関係の転換が生ずることを重視するマルクス主義的な定義に沿っているため，革命を狭く捉えている向きがある（ハリディ 1997）。

　革命が国内のみならず国際的な武力紛争を伴う現象であり，新たに誕生した革命国家が国際社会に影響を与えるのと同時に，革命国家もまた国際社会によって（文字通り）「社会化」されることを論じたのは，デーヴィッド・アームストロングによる『革命と世界秩序』である。英国学派の始祖マーティン・ワイトが『パワー・ポリティックス』の中で，国際社会の歴史において，革命の時代の方が非革命の時代よりも長くあったと指摘している（Wight 1964）。このように革命は，脅威として捉えられる一方，革命を経験した国々も社会化されることで，共存してきたのである。

　ところで，ロシア革命によって誕生した社会主義国家であるソヴィエト連邦が，20 世紀の後半の二極体制の一方の中心であったため，革命という言葉にはマルクス主義や共産主義のイデオロギー的色彩が残る。

　ソ連解体後の世界である今日，革命の意義を考える際に，マイケル・ウォルツァー（2016）は一つの手掛かりとなろう。彼は民族解放や世俗革命などの，近代化・西洋化・脱宗教化の性格を持った政治的社会的変動を「革命」とし，これらが今日においては宗教復興運動などの「反革命」に直面していると論じている。ただ，

2011 年の「アラブの春」など現代世界の理解の助けとなる反面，この捉え方には限界もあり，イランを例に見ればそれは明らかである。イランの場合，1963 年からの世俗化の諸政策は白色革命と呼ばれ，これはウォルツァーの定義と合致する。しかし，一般的にイラン革命として知られる 1979 年のイスラーム革命は，宗教の復興運動であるため，「反革命」に該当してしまうという概念上のねじれが生じてしまうのだ。このようなイスラームをめぐる理解の「ねじれ」についてはマムダニ（2005）の議論が参考となる。

　ソ連という「脅威」を失った世界において，イスラーム主義を「新たな脅威」として据えることを慎重に避けつつ，イデオロギー的な拘束を解いた上で，革命とその国際的な影響を検討することは，特にソーシャル・ネットワーキング・サービス（SNS）を通じて政治変動や体制変動の情報伝播が以前よりも格段に容易となった現在においては意味を持つものとなるだろう。

文献解題

> 末近浩太『イスラーム主義と中東政治——レバノン・ヒズブッラーの抵抗と革命』名古屋大学出版会，2013 年。

　本書が焦点をあわせるヒズブッラーとは，日本の公安調査庁の国際テロリズム要覧では「ヒズボラ」と表記され，レバノンを拠点に活動するシーア派の国際テロ組織とされる。その一方，当のレバノンにおいては国民議会に議席を持ち，閣僚を輩出している政党でもある。このように一面的な見方では理解できない非国家主体であるヒズブッラーを追うことで，レバノン一国にとどまらず，国際政治の複数の次元にわたって複雑に連動している現状を解きほぐしてくれるのが本書である。

　ヒズブッラーにとって「抵抗と革命」とは，ともに組織の存在理由であり，また組織の理念を端的に示したものである。抵抗とは，欧米による植民地支配に対して，そして 1978 年以降南部レバノンを占領し続けるイスラエルに対しての徹底抗戦を意味する。また，革命とは，キリスト教徒が支配層の中心となる体制を保証してきたレバノンの政治制度を廃し，イスラーム的な体制の樹立を目指すものである。この革命のルーツは汎イスラーム主義革命，すなわちイラン・イスラーム革命へと遡

る。

　イランはかつての国王パフラヴィー2世が欧米の傀儡であり，この王政による抑圧のもとで蓄積された不満は，ホメイニーを指導者とする世界規模のイスラーム的統治の実現を掲げる汎イスラーム主義革命を後押しした。この革命が成就し，イラン・イスラーム共和国が成立する。革命国家として再出発したイランは，欧米やイスラエルに対して敵対的な姿勢を強めた。ここに今日に至る米国がイランを脅威と見なす原点がある。ただ，イスラーム革命を輸出し続けるように見えるイランも，その実は中東地域の覇権争い（イラン対サウディアラビア）を有利に進めるため，非国家主体を戦略的に利用している面もある。これは革命国家が（国際）社会化されたといえる反面，武力紛争の脅威ともなっており，だからこそ革命の理念と実際を見定めてゆくことが重要となる。

　孤立するイランが，自らの正しさを証明するためにも革命理念の輸出に励み，その一環としてイランの支援を受けつつ，レバノンで組織されたのがヒズブッラーであった。ヒズブッラーは「アラブの春」の年である2011年に，アラブ諸国の革命に先駆けて，末近が「静かなる革命」と呼ぶ政変を通じて，政権与党の側につくこととなる。抵抗を続け，革命を目指してきた「国際テロ組織」は，政党としてレバノン国家に広く深く根を張り巡らせ，ついには法的に定められた制度を通じて権力の座についたわけである。汎イスラーム主義革命の理念が，国境と戦争の苦難を超えて，レバノンの今日の政治の中で生きていることは，事例としても極めて興味深いものといえよう。

　なお，同書では革命の担い手である民衆のレベルについても参与観察的なインタヴューにより補完している。指導者のみではなく，革命という言葉のもとで参加する者／動員される者等々，様々な人々の存在を忘れていない。

　これら多くの論点を含む本書から学ぶ点は多いが，ここまでに触れてきたヒズブッラーへの着目が，今日あらためて「革命」を考える上で示唆に富む事もまた明らかだろう。貧富の差が国境の内外で巨大な格差の問題となり，また権威主義的な統治を行う国家が増えつつある現代においては，革命を含む体制変動や政治変動を捉える新たな視点は重要度を増している。そのためのパラダイムを検討する上で，本書から学べる点は，内容的にも，方法論的にも多く含まれている。

引用・参考文献

アレント，H.『革命について』志水速雄（訳），筑摩書房，1995 年。
ウォルツァー，M.『解放のパラドックス──世俗革命を宗教的反革命』萩原能久（監訳），風行社，
　　2016 年。
カー，E. H.『ロシア革命──レーニンからスターリンへ，1917-1929』塩川伸明（訳），岩波書店，
　　2000 年。
キッシンジャー，H.『回復された世界平和』伊藤幸雄（訳），原書房，2009 年。
スコッチポル，T.『現代社会革命論──比較歴史社会学の理論と方法』牟田和恵（監訳），岩波書店，
　　2001 年。
ハリディ，F.『国際関係論再考』菊井禮次（訳），ミネルヴァ書房，1997 年。
マムダニ，M.『アメリカン・ジハード──連鎖するテロのルーツ』越智道雄（訳），岩波書店，
　　2005 年。
ムーア，B.『独裁と民主政治の社会的起源（上・下）──近代世界形成過程における領民と農民』
　　宮崎隆次，森山茂徳・高橋直樹（訳），岩波書店，2019 年。
中野　実『革命』（現代政治学叢書 4）東京大学出版会，1989 年。
Armstrong, D., *Revolution and World Order*, Oxford: Clarendon Press, 1993.
Skocpol, T., *State and Social Revolutions: A Comparative Analysis of France, Russia, and China*,
　　Cambridge: Cambridge University Press, 2015.
Walt, S., *Revolution and War*, Ithaca, NY: Cornell University Press, 1996.
Wight, M., *Power Politics*, London: Penguin, 1964.

参考資料

表 3-1　**主な革命**（著者作成）

1776 年	アメリカ独立宣言（アメリカ革命）	／大西洋革命
1789 ～ 1799 年	フランス革命	／大西洋革命
1791 ～ 1804 年	ハイチ革命	／大西洋革命
1848 年	諸国民の春（1848 年革命）	
1908 年	青年トルコ党革命	
1917 年	ボリシェヴィキ革命（ロシア革命）	
1953 年	イラン王政復古（クーデターによるモサッデク政権の崩壊）	
1959 年	キューバ革命	
1963 年	イラン白色革命	
1979 年	イラン・イスラム革命	
1989 年	東欧革命	
2011 年	アラブの春（アラブ革命）	

表3-2　冷戦期における中東地域の主な紛争と情勢 （岸野浩一作成）

年	出来事	年	出来事
1947	国連総会 パレスチナ分割決議	1967	第三次中東戦争
1948	イスラエル 独立宣言	1969	リビア革命（無血クーデター）
1948	第一次中東戦争（〜1949）	1971	アラブ首長国連邦（UAE）成立
1952	エジプト革命（共和制移行）	1973	第四次中東戦争
1953	イラン 軍事クーデター	1977	エジプト サダト大統領のイスラエル訪問
1955	キプロス紛争（問題）発生	1978	キャンプ・デービッド合意
1956	第二次中東戦争（スエズ危機）	1979	イラン革命（イラン・イスラム共和国成立）
1958	レバノン暴動（危機）	1979	エジプト・イスラエル平和条約締結
1960	トルコ 最初の軍事クーデター	1979	イラン 米国大使館人質事件（〜1981）
1960	石油輸出国機構（OPEC）設立	1981	エジプト サダト大統領暗殺・ムバラク政権成立
1961	クウェート 独立	1982	イスラエル レバノン侵攻
1962	イエメン 軍事クーデター	1987	パレスチナ 民衆蜂起（インティファーダ）開始
1962	北イエメン内戦（〜1970）	1988	パレスチナ民族評議会 独立宣言
1964	パレスチナ解放機構（PLO）成立	1990	イエメン共和国成立（南北イエメン統一）

世論とメディア

岸野浩一

> 戦争を支持する世論はどのようにして生み出されるのか

　あらゆる国家，とりわけ国民が政治に参加する民主国家において，多数の国民が戦争を支持する意見を有さなければ，戦争を遂行することは難しい。歴史上，国家は国民世論の賛同に基づいた戦争を実際に行ってきた。なぜ，戦争で犠牲になりうる一般の人々が戦争を支持するようになるのだろうか。

研究動向

　世界中の大多数の人々が，戦争を望まず平和であることを願っているはずであるのに，なぜ戦争はなくならないのか。これは，人々一般の意見としての世論と戦争との結びつきを考える際に，多くの人が抱く疑問なのではないか。二度の世界大戦を経験した 20 世紀の国際政治学者ハンス・モーゲンソー（2013）は，リアリズムの観点から，上記の疑問に関して次のように説明している。確かに，現代世界の大多数の人々が一致して持つ意見（世界世論）は戦争への憎悪と反対であろう。だが，それはあくまでも抽象的な戦争全般に対しての意見である。特定の具体的な戦争が争点となれば，人々は自国の観点から考えることになる。国家間の軍事的緊張など平和に対する実際の脅威の前では，世界世論は国ごとの国民世論に分裂し，各国の状況や国益の違いによって戦争に対する国民世論は多様に変容するのである。

　それでは，各国の世論はどのようにして形成されるのか。世論研究の第一人者ともいうべきウォルター・リップマン（1987）は，世論を現実（現に起こった出来事）に基づく人々の意見ではなく，「人々の脳裏にある諸々のイメージ」として捉えることが適切であるとした。国政や戦争は，各人の手が届く・見て知ることのできる範囲を超えた世界にある。そのため，政治的問題について考えるためには，各人は知らない世界についての擬似的なイメージを頭の中に描くほかない。そして，人々のイメージを作り，世論を形成するために重要な役割を有するものが，新聞のような

ニュースや情報を伝達するメディアである。米国のメディアがイスラームに対する特定の情報を流すことで，米国民のイスラームへのイメージが固定化され，イランなどに対する攻撃的な世論が形成されてきたことは，メディアと世論の関係を表した今日的な一例である（サイード 2018）。メディアが持つ世論形成の機能については，メディアは強力（直接的）な効果を持つとする見解から限定的（間接的）な影響力を有するとする見解まで，様々な学説が提示されてきた（蒲島ほか 2010）。

　多数の人々に影響力を持つメディアは，15 世紀のグーテンベルクによる活版印刷技術の発明以降，書籍（出版）・新聞・映画・ラジオ・テレビ・インターネットなど様々な形態へと拡張され発展してきた。メディアの発達段階に応じて，歴史的にはそれぞれ異なる政治や社会への影響が見られてきたとされる（佐藤 2018）。19 世紀後半以降，近代的な産業・大衆社会の成立や参政権の拡大などと結びついて，西欧・米国・日本などでは新聞の普及が進み，政治と世論とメディアの相互の影響関係が強まった。普及したメディアによって，同胞としての国民の一体感が作り出され，またメディアを通した政府の宣伝（プロパガンダ）によって，国益を追求する政策に国民を動員することも行われるようになった。ナショナリズムの形成と再生産に，メディアが一定の役割を果たしているのである（津田 2007）。

　20 世紀初頭になると，政府が世論の支持を得るために，視覚や聴覚を刺戟するメディア（映画とラジオ）を活用することで，国民全体が戦争に動員されうる体制が成立していく。かくして，初の総力戦となった第一次世界大戦ではメディアを通じた各国の宣伝戦が繰り広げられることとなり，同大戦以降，戦争・メディア・世論の密接な関係が広く研究されるようになった。とりわけ米国と英国は，第二次世界大戦および 20 世紀後半以降の諸戦争（例えばフォークランド紛争，湾岸戦争，イラク戦争など）を世論の支持の下に開戦しており，これらの諸戦争とメディアの関係性が分析され続けてきた（橋本 2005）。

　日本の場合，戦争に関する世論が大きな政治的影響を有した最初の事例は，日露戦争終結時の日比谷焼打事件（1905 年）であったとされる（筒井 2018）。しかし，戦争・メディア・世論の関係は，台湾出兵（1874 年）においてすでに見出せることが指摘されている。出兵の従軍観戦記を掲載した東京日日新聞が発行部数を五割も増やした点から，戦争は国民の最大のニュースであり，「新聞は戦争で育った」ことが伺える（鈴木 2015）。とくに満州事変（1931 年）以降，日本の主要な新聞は発行部数を競い，センセーショナルな報道内容と軍部による強硬論を支持する論調を打ち出し，軍部の行動や主張を支持する世論を形成していったとされる（NHK スペ

シャル取材班 2015）。世論の支持を背景とする強力な軍部により報道統制を受ける
ようになったメディアは，自主規制やメディア相互のバッシングも行うようになり，
軍に都合の良い見解や事実に反した政府発表を報じた結果，太平洋戦争の開戦から
終戦に至るまでの戦争支持の世論を作り出した（前坂 2007）。メディアは，国家権
力によって言論統制を受ける可能性とともに，国家権力に加担し国民世論を誘導す
る可能性の両面を有するのである（井上 2019）。

　戦争支持の世論が作り出される過程は，国民とメディアが置かれた社会的状況
や，それらと国家権力との距離などを分析することで見えてくるといえる。米英両
国や近代日本の諸戦争を主な題材として，世論形成に関わる戦争報道のあり方の変
遷とその課題などについて，21 世紀に入った今も議論されている（武田 2003；門奈
2004；木下 2005）。

文献解題

> 佐藤卓己『ファシスト的公共性──総力戦体制のメディア学』岩波書店，
>   2018 年。

　ウェブ上で人々がつながりあう「ソーシャル・ネットワー
キング・サービス」（SNS）が世界各国に普及した 21 世紀初
頭の現代において，世論とメディアと戦争の連鎖をいかにし
て捉えることができるのか。近年，SNS の登場によって，真
実ではなく憎悪の感情が瞬時に伝達されて各地の紛争を引
き起こし，SNS 自体が新種の兵器や戦場となっていること
が指摘されている（シンガー＆ブルッキング 2019）。こうし
た現象は，21 世紀特有の新しい問題として分析すべきであ
ろうか。

　本書は，ドイツと日本を事例にとって，第二次世界大戦前後におけるメディアと
その研究などを分析するメディア史の研究書である。しかし，序章において，本研
究が明らかにする視座は，「ポスト真実」時代とされる現代にも適用可能であること
が示される。分析の鍵となる概念は，題名にもある「ファシスト的公共性」である。
17 〜 19 世紀の議会制民主主義は，カフェと新聞を媒介とした，財産と教養のある
市民による理性的な討議と公論形成という「ブルジョワ的（市民的）公共性」に支
えられていたとされる。だが，20 世紀に入ってラジオが登場したことで事態は一変

する。ラジオは，財産と教養の壁を越えて，労働者を含むあらゆる国民に対し感情を乗せて一斉に情報を届けることが可能となった初のメディアである。ラジオを聴いた者たちが集会や国民投票などを通じて意思を表明することで，互いを同質な個人と捉えた人々が政治に直接参加していると感じられる「ファシスト的公共性」と，それに基づき第二次大戦の支持に至る一種の「民主主義」とが，ナチス時代のドイツで成立した。これこそが，実は現代の公共性（世論形成と政治参加の空間や社会関係）の起源なのではないか。この視座から，ナチス時代と後代のメディア研究の連関（第一部）や，第二次大戦前後の日本におけるメディアとその研究の連関（第二部）などが各章で論じられる。

　大戦前後の日独メディア史を通じて，現代に通ずる世論とメディアからなる公共空間の分析視角を得ようとする本書は，インターネットを介した不特定多数の人々による世論形成と戦争とのつながりを分析するうえで，歴史的視点をふまえた新たな研究の方向性を与えてくれるだろう。

引用・参考文献

井上寿一『論点別昭和史戦争への道』講談社，2019 年。
NHK スペシャル取材班（編著）『日本人はなぜ戦争へと向かったのか――メディアと民衆・指導者編』新潮社，2015 年。
蒲島郁夫・竹下俊郎・芹川洋一『メディアと政治改訂版』有斐閣，2010 年。
木下和寛『メディアは戦争にどうかかわってきたか――日露戦争から対テロ戦争まで』朝日新聞社，2005 年。
サイード，E. W.『イスラム報道増補版新装版』浅井信雄・佐藤成文・岡　真理（訳），みすず書房，2018 年。
佐藤卓己『現代メディア史新版』岩波書店，2018 年。
シンガー，P. W.・ブルッキング，E. T.『「いいね！」戦争――兵器化するソーシャルメディア』小林由香利（訳），NHK 出版，2019 年。
鈴木健二『戦争と新聞――メディアはなぜ戦争を煽るのか』筑摩書房，2015 年。
武田　徹『戦争報道』筑摩書房，2003 年。
津田正太郎「ナショナリズムの生成および再生産過程におけるマス・メディアの役割――ナショナリズム概念の再検討による新たな視座の探求」『マス・コミュニケーション研究』70，2007 年，195-211。
筒井清忠『戦前日本のポピュリズム――日米戦争への道』中央公論新社，2018 年。
橋本　晃「限定諸戦争におけるメディア――分析の枠組みづくりに向けて」『マス・コミュニケーション研究』66，2005 年，55-72。
前坂俊之『太平洋戦争と新聞』講談社，2007 年。
モーゲンソー，H.『国際政治――権力と平和　中』原　彬久（訳），岩波書店，2013 年。
門奈直樹『現代の戦争報道』岩波書店，2004 年。
リップマン，W.『世論　上』掛川トミ子（訳），岩波書店，1987 年。

参考資料

表 4-1　第二次世界大戦までの主な経緯と主要諸国の参戦過程（著者作成）

年	出来事
1919	ヴェルサイユ条約調印（6 月）　　日本陸軍における関東軍の創設
1920	国際連盟発足（1 月）　　　民間ラジオの定時放送開始（米国）
1921	ワシントン会議（～ 1922）　四カ国条約締結（米英日仏）
1922	ワシントン海軍軍縮条約・九カ国条約・山東懸案解決に関する条約締結
	ラパロ条約締結（独ソ）　　　イタリア・ファシスト政権成立
1923	フランスとベルギーによるルール地方占領　　　　　日英同盟の失効 ドイツにおけるハイパーインフレーションの発生
1925	日本におけるラジオ放送の開始　　　　ロカルノ条約締結
1929	世界恐慌（ウォール街における株価大暴落）（10 月）
1931	柳条湖事件（満州事変の始まり）（9 月）
1933	ドイツ・ヒトラー政権成立（1 月）　　　日本とドイツの国際連盟脱退
1935	第二次エチオピア戦争（～ 1936，エチオピア（アビシニア）侵略）
1936	ドイツによるロカルノ条約破棄（3 月）　　スペイン内戦（～ 1939）
1937	日中戦争（7 月～ 1945）　　　イタリアの国際連盟脱退
1938	ドイツによるオーストリア併合（3 月）　　ミュンヘン会談（9 月）
1939	ドイツによるチェコスロバキアの解体と事実上の併合（3 月） ノモンハン事件（戦争）（5 ～ 9 月）　　　独ソ不可侵条約締結（8 月） 独ソによるポーランド侵攻（9 月）　　**第二次世界大戦**勃発（独英仏などの参戦）
1940	イタリアの参戦（6 月）　　　フランスの降伏と独仏休戦協定締結（6 月） 仏領インドシナ北部への日本軍の進駐（9 月）　　　日独伊三国軍事同盟成立（9 月）
1941	日ソ中立条約締結（4 月）　　独ソ戦の開始（ソ連の参戦）（6 月） 仏領インドシナ南部への日本軍の進駐（7 月）　　　米国の対日石油全面禁輸（8 月） 真珠湾攻撃による日米開戦（日米の参戦・太平洋戦争勃発）（12 月）

表 4-2　第二次世界大戦後の英米ソ（露）が関与した主な武力紛争（著者作成）

年	英国関与	米国関与	ソ連（ロシア）関与
1946–1954	第一次インドシナ戦争		
1948–1960	マラヤ危機		
1950–1953	朝鮮戦争		
1953–1975	ラオス内戦		
1955–1959	キプロス紛争		
1955–1975	ベトナム戦争（第二次インドシナ戦争）		
1956	第二次中東戦争（スエズ危機）		ハンガリー動乱（事件）
1958		レバノン暴動（危機）	
1960–1996		グアテマラ内戦	
1960–1965		コンゴ動乱	
1961–1991			エリトリア独立戦争
1961		ビッグス湾事件（キューバ侵攻）	
1963–1966		マレーシア紛争	
1964–1974		モザンビーク独立戦争	
1965		ドミニカ内戦	
1968			チェコ事件（プラハの春）
1969			中ソ国境紛争
1970		カンボジア侵攻	
1975–1989		カンボジア・ベトナム戦争	
1975–2002		アンゴラ内戦	
1978–1989	アフガニスタン紛争（アフガニスタン侵攻）		
1979–1989		コントラ戦争（ニカラグア内戦）	
1980–1988		イラン・イラク戦争	
1982	フォークランド紛争（マルビナス戦争）		
1983		グレナダ侵攻	
1989–1990		パナマ侵攻	
1991		湾岸戦争	
1994–1996			第一次チェチェン紛争
2001–		アフガニスタン戦争	
2003–2011	イラク戦争		
2011–		シリア内戦	

Chapter 05 正　　義

岸野浩一

> ## 戦争にはなぜ正しさが要求されるのか

　人が互いに殺し合う戦争に「正しさ」が求められることは，極めて矛盾した事態であるようにみえる。しかし，人類の歴史において，戦争にはしばしば正義の概念が持ち込まれてきた。いかなる理由・目的・背景から，戦争はどのようにして正義と結び付けられてきたのだろうか。

研究動向

　戦争の正しさが求められるようになった歴史的起源は，キリスト教が浸透した古代ローマにあるとされる。平和を重んじるキリスト教の教義に従う信者の増加から，兵士の不足に悩まされていた古代ローマ帝国において，アウグスティヌスは，教義に基盤を置きつつ「正しい戦争」を体系化し示すことで，兵士としての戦争参加を正当化した（矢持 2018：71）。ここから，「正戦論」（just war theory）と呼ばれる今日に続く欧米を中心とした「正しい戦争」をめぐる議論と探究が始まった。

　中世ヨーロッパでは，神学者で哲学者のトマス・アクィナスが開戦の原因と意図の正当性などの観点を重視する正戦論を展開した。彼の正戦論は，君主らに対して正しい目的に即さぬ戦争を行わないよう自己抑制を求めるものであったが，ひとたび開戦が正当化されてしまうと無制限に戦争が拡大しうる論理を含むものであった（福島 2013）。16 世紀以降，カトリック教会の権威への対抗が活発化し，キリスト教内部の宗派対立が激しくなると，各勢力が自らの教義上の「正義」を掲げて戦うようになり，17 世紀には三十年もの長きにわたる戦争が発生してしまう。宗教戦争勃発後の西欧では，政教分離に基づく主権国家体制が次第に形成されるとともに，国際法学者のフーゴー・グロティウスらによって世俗的な正戦論が議論されるようになった。その近代的な正戦論は，「戦争への正義」（jus ad bellum）と「戦争における正義」（jus in bello）の二つの概念に基づき議論が進められてきた。前者は開戦の

理由や目的などの正しさを意味し，後者は戦時の行いの正しさを意味する。19 世紀に入り，列強諸国の勢力均衡による国際社会の秩序維持が目指されるようになると，戦争は均衡を維持する一手段とされた。各国の政治的な手段としての戦争の正しさは客観的に判定できないため，戦争そのものの正・不正を問うことはできないとする「無差別戦争観」が定着し，「戦争への正義」は後景に退くことになる。だが，国際秩序維持の手段としての戦争を継続的に可能とするためには，戦争が悲惨な被害をもたらさないことが肝要となる。かくして，戦闘員と非戦闘員の区別や戦闘行為の制約などを求める「戦争における正義」に関心が集まり，19 世紀末頃には戦時国際法がハーグ陸戦条約のように成文化されることになった（矢持 2018：72）。

　20 世紀初頭には，一般市民を巻き込み激甚な被害をもたらした第一次世界大戦が発生したことで，戦争観と正戦論は大きな転換が迫られた。無差別戦争観に変わって戦争を違法とみなす戦争観が登場し，「戦争への正義」が再び問われるようになり，戦争を防ぐための国際連盟が設立された。しかし，ドイツの法学者で政治哲学者であったカール・シュミットは，侵略行為などの「不正な戦争」の発生を判定する国際連盟が登場したことで，主権国家が有する開戦と和平の権利が損なわれ（シュミット 2007），宗教戦争の後にヨーロッパが克服したはずの「正義を掲げる大戦争」が再来し，複数の正義が衝突する「世界内戦」が招来しうると批判した（大竹 2009）。実際に国際連盟は第二次世界大戦の勃発を防ぐことができず，両大戦後には，国家間の対立や争いに正義や道徳を持ち込むことの危険性がリアリズムの観点から説かれた（モーゲンソー 2013）。なお，世界大戦は総力戦であり，各国は国民を総動員する必要に迫られたため，二度の大戦とその後の朝鮮戦争などにおいて，自国側の「正しさ」を政府などが国民に宣伝する戦争プロパガンダが作り出されたことが指摘されている（モレリ 2015）。

　第二次大戦後，核兵器の登場と拡散によって，世界の破滅を招きかねない核戦争の恐怖が生じたことから，「戦争に反対する正義」（反戦の正義：jus contra bellum）が明確に説かれるようになる（Clark 2015）。20 世紀後半には，民間人の犠牲を不可避的に伴う現代的な戦争の正しさが問われることとなった（太田 2007）。1970 年代以降のマイケル・ウォルツァー（2008）に代表される現代の正戦論は，近代的な正戦の二概念をふまえ，両概念の交錯や様々な具体的事例を想定しつつ，主に政治哲学や倫理学などの領域で研究が続けられている（眞嶋 2016；宇佐美ほか 2019）。正戦論には，正しい戦争とともに「不正な戦争」を照らし出す二重の機能があることからも，正しい戦争とは何かを探究する意味があるとされる（松元 2013）。

　冷戦後は，世界各地で民族紛争や内戦が多発し，地域紛争が激化したことなど
を受けて，紛争後にいかにして平和を実現するのかが課題となってきた。そのため，
21 世紀初頭の現在では，「戦後の正義」（jus post bellum）や紛争等の後の体制移行
過程において正しさを求める「移行期正義」（transitional justice）が，重要な研究対
象となっている（望月 2012；May & Edenberg 2013）。さらに近年は，主として欧
米の男性中心主義的な視座から展開されてきた正戦論を，古代中国・イスラーム・
アフリカ・インド・フェミニズムなどの異なる観点から考察しようとする比較研究
も提起されつつある（Cordeiro-Rodrigues & Singh 2019）。

文献解題

> 山内進（編）『「正しい戦争」という思想』勁草書房，2006 年。

　正しい戦争が求められる理由は，それが説かれる社会
的・国際的状況や歴史的背景によって多様であって，正戦
論には文脈依存性が内在している。したがって，正しい戦
争とは何か，それがなぜ求められるのかを考察するために
は，多様な時代・場所・状況における正戦の思想を検討し
比較していくことが求められよう。本書は，古代から現代
に至るまでの多様な正しい戦争論を考察するアンソロジー
であり，研究の方法論や分析視角を具体的に指し示してく
れるものである。

　本書では，先行研究が概ね主眼を置いてきた欧米の正戦論以外の正しい戦争の
思想も視野に含めて，複眼的な視点から正しい戦争が求められてきた背景やその思
想・議論が詳細に考察されている。序論ではまず，正しい戦争が，神との関係で正
当化される「聖戦」，キケローに始まるヨーロッパ的な概念としての「正戦」，19 世
紀以降の国際社会において国際法上認められた戦争である「合法戦争」の三つの概
念に区別される。21 世紀現在の正しい戦争をめぐる議論は，三つの概念を混同して
きたことが指摘され，より精確な検討のために概念整理が必要とされる。

　そのうえで，本書の第 1 部（第 1・2 章）では，正戦の概念を軸として，歴史的
観点からヨーロッパ内外の正しい戦争の思想と議論が分析される。第 1 章で中世ヨ
ーロッパ・キリスト教世界の正戦論が異教徒との関係で分析され，第 2 章でスペイ
ンによるインカ帝国征服の戦争を主題として，正戦論に対する異議申し立ての主張

が考察される。第 2 部（第 3・4 章）では，聖戦の概念を軸として，宗教的視点から，ヨーロッパのキリスト教における正戦論（第 3 章）と，非ヨーロッパのイスラームにおける正しい戦いやジハードの思想（第 4 章）が検討される。第 3 部（第 5 ～ 7 章）では，合法戦争の概念を含む現代的な観点から，20 世紀以降のドイツ（第 5 章）と米国（第 6 章）における正しい戦争をめぐる論争が取り上げられるほか，国際法の見地から戦争規制の効力と限界に関する考察が加えられている（第 7 章）。以上の各章は，法学・歴史学・哲学・政治学などの多彩な専門分野の研究者によって執筆されており，多様なディシプリンや多角的視点から正しい戦争を分析しようとする際に，大いに参考となる一冊である。

引用・参考文献

ウォルツァー, M.『正しい戦争と不正な戦争』萩原能久（監訳），風行社，2008 年。
宇佐美誠・児玉　聡・井上　彰・松元雅和『正義論——ベーシックスからフロンティアまで』法律文化社，2019 年。
大竹弘二『正戦と内戦——カール・シュミットの国際秩序思想』以文社，2009 年。
太田義器「戦争と政治理論——平和の政治理論の構築に向けた正戦論批判」『年報政治学』58（1），2007 年，95-118.
シュミット, C.『カール・シュミット著作集 2（1936-1970）』長尾龍一（編訳），慈学社出版，2007 年。
福島涼史「古典的正戦論の世界観——近代的構成に対峙するその抑制の構成」『平和研究』41, 2013 年，127-145.
眞嶋俊造『正しい戦争はあるのか？——戦争倫理学入門』大隅書店，2016 年。
松元雅和『平和主義とは何か——政治哲学で考える戦争と平和』中央公論新社，2013 年。
モーゲンソー, H.『国際政治——権力と平和 上』原　彬久（監訳），岩波書店，2013 年。
望月康恵『移行期正義——国際社会における正義の追及』法律文化社，2012 年。
モレリ, A.『戦争プロパガンダ 10 の法則』永田千奈（訳），草思社，2015 年。
矢持　力「正戦論の二大潮流の衝突——〈比例性〉の原則をめぐる論争」『社会システム研究』21, 2018 年，69-80.
Clark, I., *Waging War: A New Philosophical Introduction*, 2nd ed., Oxford: Oxford University Press, 2015.
Cordeiro-Rodrigues, L., & Singh, D., eds., *Comparative Just War Theory: An Introduction to International Perspectives*, Lanham, MD: Rowman & Littlefield Publishers, 2019.
May, L. & Edenberg E., eds., *Jus Post Bellum and Transitional Justice*, Cambridge: Cambridge University Press, 2013.

参考資料

表 5-1　17 〜 18 世紀における大国間の主な諸戦争（著者作成）

年	欧州での主要な戦争と講和条約等	北米大陸での戦争
1618	三十年戦争（〜 1648，宗教戦争）	
1648	ウェストファリア条約（ヴェストファーレン条約）	
1652	第一次英蘭戦争（〜 1654）	
1655	北方戦争（〜 1661）	
1665	第二次英蘭戦争（〜 1667）	
1667	南ネーデルラント継承戦争 （〜 1668，フランドル戦争）	
1672	仏蘭戦争（〜 1678，オランダ侵略戦争）	
1672	第三次英蘭戦争（〜 1674）	
1688	プファルツ継承戦争（〜 1697，大同盟戦争）	ウィリアム王戦争（1689 〜 1697）
1683	オスマン帝国による第二次ウィーン包囲	
1683	大トルコ戦争（〜 1699）	
1686	露土戦争（〜 1700，大トルコ戦争の一部として）	
1700	大北方戦争（〜 1721）	
1701	スペイン継承戦争（〜 1713）	アン女王戦争（1702 〜 1713）
1713	ユトレヒト条約	
1733	ポーランド継承戦争（〜 1735）	
1740	オーストリア継承戦争（〜 1748）	ジェンキンスの耳の戦争（1739 〜 1748） ジョージ王戦争（1744 〜 1748）
1756	七年戦争（〜 1763）	フレンチ・インディアン戦争 （1755 〜 1763）
1768	露土戦争（〜 1774，第一次露土戦争）	
1775	アメリカ独立戦争（〜 1783）	
1787	露土戦争（〜 1791，第二次露土戦争）	
1788	第一次ロシア・スウェーデン戦争（〜 1790）	
1792	フランス革命戦争／ナポレオン戦争（〜 1815）	
1815	ウィーン議定書	

表 5-2　近現代の朝鮮半島をめぐる政治と軍事の主な動き（著者作成）

年	出来事
1894	李氏朝鮮における甲午農民戦争・日清戦争（〜 1895）
1897	大韓帝国成立（朝鮮の大韓帝国への国号改称）
1903	龍岩浦（龍巌浦）事件（大韓帝国へのロシアの駐屯と租借要求）
1904	日露戦争（〜 1905）
1910	日韓併合（〜 1945，朝鮮併合・韓国併合）　　　日本による朝鮮総督府の設置
1945	朝鮮総督府の降伏（9 月） 米英ソによる朝鮮半島の信託統治合意（12 月）
1948	南北朝鮮での選挙実施・大韓民国政府樹立・朝鮮民主主義人民共和国政府樹立
1950	朝鮮戦争勃発（6 月） 国連安保理 韓国支援等の決議・国連軍編制（6 〜 7 月） 国連軍 仁川上陸作戦（9 月）　　　中国人民解放軍義勇軍の朝鮮戦争参戦（10 月）
1952	韓国 李承晩大統領による隣接海洋に対する主権宣言・「李承晩ライン」の設定（1 月）
1953	朝鮮戦争休戦協定締結（7 月）　　　米韓相互防衛条約締結（10 月）
1961	韓国 朴正煕らによる軍事クーデター（5 月） 朝ソ友好協力相互援助条約・朝中友好協力相互援助条約締結（7 月）
1965	日韓基本条約と日韓請求権協定ほかの関連協定締結・日韓国交正常化（6 月）
1972	南北共同声明の発表（7 月） 韓国 朴正煕大統領による非常戒厳令の布告（10 月）
1985	北朝鮮 核兵器不拡散条約（NPT）加入（12 月）
1987	韓国 民主化宣言（6 月）大韓航空機爆破事件（11 月）
1988	米国 北朝鮮のテロ支援国家指定（2008 年指定解除，2017 年再指定）
1990	南北高位級会談の初開催・日本国会議員団の訪朝・韓ソ国交正常化（9 月）
1991	国連への南北同時加盟（9 月）　　　南北非核化共同宣言の合意（12 月）
1992	北朝鮮 国際原子力機関（IAEA）保障措置協定締結（1 月） 韓中国交正常化（8 月）
1993	北朝鮮 IAEA 査察拒否（2 月）・第一次核危機（〜 1994）・弾道ミサイル発射（5 月）
2002	米国「悪の枢軸」演説（1 月） 日朝平壌宣言（9 月）　　　第二次核危機発生（10 月）
2003	北朝鮮 NPT 脱退宣言（1 月） 日米韓中露北の六か国協議（六者会合）初開催（8 月）
2006	北朝鮮 核実験初実施（10 月）　　　国連安保理 北朝鮮の核実験に対する制裁決議
2009	北朝鮮 サイバー戦などを担う偵察総局の設立

阿部悠貴

Chapter 06 　貧　困

貧困はなぜ紛争を誘発するのか

　豊かな地域では紛争が起きにくく，貧しい地域では紛争が起きやすい。貧困と紛争の間につながりがあることはこれまで多く指摘されてきた。経済が脆弱であればその国の政治も不安定化し，個人が武力を行使することが容易になるからである。紛争を防ぐにはその原因である貧困問題について知る必要があり，これを踏まえなければ有効な対応を取ることは不可能であろう。では有効な対応とは何であるのか，このことについてどのような議論が繰り広げられてきたのであろうか。

研究動向

　これまでの研究において，貧困と紛争の発生には強い相関関係があることがいわれてきた（Fearon & Laitin 2003）。上述したように，経済が安定しなければ国家の統治能力は低下し，私的な暴力が管理できなくなるからである。この間隙を突いて反乱組織が武力闘争を開始するのである。

　この時，個人が暴力に訴える動機は何であろうか。たとえ貧困が紛争を誘発しやすいとしても，人は自然に武器を取るわけではないであろう。その一つの見方は，紛争は「不満」によって引き起こされるというものである。例えばテッド・ガーは「相対的剥奪」という考えに基づき，個人が持つ期待と実際に得られる利益のギャップから不満が生じ，それが紛争の原因になると述べている（Gurr 1971）。またドナルド・ホロウィッツも不満を抱える民族や集団が社会的承認や権利を求めるとき，紛争が発生しやすいことを考察している（Horowitz 1985）。

　これに異を唱えたのがポール・コリアーとアンケ・ヘフラーである。二人は「内戦における貪欲さと不満」と題した論文を発表し，1960 年から 1999 年までに起きた紛争をデータ化して分析したところ，不平等や政治的権利の要求よりも，経済的な利益獲得の機会が紛争の発生に関係しており，「不満」ではなく「貪欲さ」が紛

争の原因であると論じている（Collier & Hoeffler 2000, 2004）。これによりいわゆる「貪欲（greed）vs. 不満（grievance）」論争が開始されるのであるが，二人が出した結論は「コリアー・ヘフラー」モデルと呼ばれるようになり，従来の議論に対するアンチテーゼとしてインパクトを持つことになった。またこれとほぼ同時期にジェームズ・フィアロンとディビッド・レイティンも「貪欲さ」を支持する論文を発表し（Fearon & Laitin 2003），この見解が紛争の発生を考察する上で主要な理解になっていった。

　しかし近年，「不満」の視点からの再反論が出されている。ラース・エリック・シダーマンらは（コリアーらが採用した）一人当たりの国内総生産（GDP）の高低と紛争の有無に相関関係を見出そうとする個人主義的な研究手法を批判し，集団レベルでの政治的・経済的排除や不平等といった「不満」を見なければ紛争の原因は説明できないと論じている。政治権力へのアクセスが限定された集団，および剥奪された集団のほうが紛争に訴えることが多く，そこで共有される怒りや恨みが紛争の原因になっているのである（Cederman et al. 2013；多湖 2020：98-102 も参照）。

　この論争は紛争の発生に関する見解のみならず，国際社会の対応をめぐる議論にも反映されている。「貪欲さ」が紛争の原因と考える研究者からは，横暴な指導者の私的な目的により無辜の市民が被害に遭うのを防ぐために，国際社会は時に軍事力を用いてでも介入することが必要であると主張される（コリアー 2008）。さらに貪欲な指導者が再び武器を取ることがないよう，紛争終結後は国際社会が治安維持を担う「新しい信託統治（neotrusteeship）」の導入が必要であるとも議論されている（Fearon & Laitin 2004）。

　他方，「不満」に基づく視点からは，政治権力からの排除が暴力へと駆り立てる原因になっているのであるから，他国による外科手術的な対応ではなく，権力分有（power sharing）が効果的であると主張される（Cederman et al. 2013）。実際，ドナルド・ロスチャイルドは紛争を経験したアフリカの国々のなかでも，包括的な政治システムが存在した国では民族間対立が緩和されてきたことを明らかにしている（Rothchild 1997；東 2020 も参照）。

　この論争は現在進行形で行われているものである。どちらかの結論に飛びつくのではなく，異なる見解を対比させてこそ現代世界の紛争を理解することになるのではないだろうか。

文献解題

> コリアー，P.『最底辺の 10 億人——最も貧しい国々のために本当になすべき
> ことは何か？』中谷和男（訳），日経 BP，2008 年。

　本書は「貪欲 vs. 不満」論争のきっかけを作ったポール・
コリアーの研究成果をまとめたものである。彼の「様々な
経済的条件が，憎悪を煽って勝利を勝ち取ろうとする卑劣
な政治家によって利用される場合が多々ある」という発言
に示されるように（43 頁），本書は権力獲得を狙う貪欲な個
人に紛争の原因があると考えるものである。そのため暴力
を引き起こしやすい環境，すなわち貧困の原因を探ること
に主眼が置かれ，その可能性を一つずつ検討する構成で議
論を展開している。

　コリアーは貧困をもたらす要因として四つの罠を挙げる。一つ目は「紛争の罠」
である。貧困と紛争の関係について，彼は過去のデータから成長率がマイナス 3 パ
ーセントになると，内戦のリスクは 17 パーセント上昇すると論じている（36 頁）。
つまり「経済が弱ければ国家もまた弱体で，反乱は難しくない」のである（39 頁）。
それだけではなく，多くの若者にとって武装組織に参加することは日々の収入源で
あり，さらに略奪，誘拐による身代金の獲得は大金を掴むチャンスですらある。結
果，こうした地域に海外からの投資が向かうことはないため，貧困が紛争を招き，
紛争が貧困を招く「罠」から抜け出せないのである。

　二つ目が「資源の罠」であり，これは「オランダ病」（または「資源の呪い」）と
いわれる問題である。この名称が示すように，かつてオランダでは北海油田の開発
により石油の輸出が大幅に増えたものの，それにより通貨が高騰し，他の産業の輸
出が滞った結果，不況に陥ったことがあった。アフリカ諸国はまさにこの問題に直
面しているのである。天然資源に恵まれているからこそ他の弱体な産業は通貨高の
煽りを受け，海外に輸出することは到底かなわない。それだけではなく，たとえ天
然資源の発掘により収入が増えたとしても，それが採算性を無視したプロジェクト
に投資されることが多く，資源は腐敗の温床にもなっている。

　三つ目が「内陸の罠」である。海岸線に面していない国は国際貿易において圧倒
的に不利である。輸出しようにも莫大な輸送費がかかるだけではなく，その輸送も

周辺国の内戦，情勢不安，交通インフラの整備状況に大きく左右される。当然，このような内陸部に海外からの投資が向かうことはないため，経済発展はますます見込めなくなる。

　四つ目が劣悪な政治状況を意味する「ガバナンスの罠」である。アフリカの多くの国は一部の権力者が財力を独占している。そこでは国民一人一人に富が行き渡るような改革はまず期待できない。こうした状況を目の当たりにして有能な人材は国外に流出し，不平等はさらに固定化されていくのである。

　ではどうすべきなのか。コリアーは四つの提言を行う。一つ目は援助のあり方を見直すことである。援助は軍事費に用いられたり，流入する資金を目当てにクーデターを誘発したりするため，その中身を問わねばならない。必要なのは（援助が切れた後も）持続的な発展を可能にする技術協力，ガバナンス向上のために行政機関を監督する組織・団体への支援であると述べる。

　二つ目は必要があれば軍事介入も躊躇すべきではないというものである。この提言自体は物議を醸すことになったが，彼の意図したところは例えば2000年にシエラレオネで反政府勢力が国連の平和維持部隊500人を人質に取った際，イギリスは軍事介入を行ったが，それにより短期間で治安が回復したことがあったように，時に軍事オプションも考慮すべきではないかというものである。

　三つ目は公正な貿易を実現するためのルールとして「国際的憲章」を作ることである。民主的な改革を細かく要求してくる国と，抑圧的な指導者を潤すことになっても何もいわずに天然資源を買ってくれる国がある場合，多くのアフリカ諸国が貿易相手として好むのは後者であろう。このような事態が続けば貧困国の状況は変わらないため，先進国の抜け駆けを許さないために国際的憲章の作成が求められる。

　最後は自由貿易の促進である。一見すると外国製品から国内産業を守るため，貧困国が保護主義を採用することを容認すべきと思われる。しかしそれは腐敗した政治家が関与する企業を守るだけでしかないとコリアーは述べる。また援助は外貨で届くため現地通貨に両替しなければならない。両替とは手持ちの外貨を売って現地通貨に変えることであるから，十分な外貨を保有していない限り援助は届かない。そのためにも輸出によって外貨を得る自由貿易は必要であり，そしてその援助を用いて輸出産業を育成し，国際貿易に参入させて持続的な成長を促すべきであるとコリアーは唱える。

　貧困が紛争の温床になっている以上，貧困を生み出す原因を探ることは不可欠である。「貪欲」な指導者が紛争を引き起こすと考えるコリアーは，彼らに利益獲得の

機会を与えない国際社会の対応が必要であると主張するのである。

引用・参考文献

コリアー，P.『最底辺の 10 億人――最も貧しい国々のために本当になすべきことは何か？』中谷
　　和男（訳），日経BP，2008 年。
多湖　淳『戦争とは何か――国際政治学の挑戦』中央公論新社，2020 年。
東　大作『内戦と和平――現代戦争をどう終わらせるか』中央公論新社，2020 年。
Collier, P., & Hoeffler A., "Greed and Grievance in Civil Wars," *The World Bank Policy Research Paper*, Report Number 2355, 2000.
Collier, P., & Hoeffler, A., "Greed and Grievance in Civil Wars," *Oxford Economic Papers*, 56, 2004, 563–595.
Cederman, L.-E., Gleditsch, K. S. & Buhaug, H., *Inequality, Grievances, and Civil War*, New York: Cambridge University Press, 2013.
Fearon, J. D. & Laitin, D .D., "Ethnicity, Insurgency, and Civil War," *American Political Science Review*, 97(1), 2003, 75–90.
Fearon, J. D. & Laitin, D. D., "Neotrusteeship and the Problem of Weak States," *International Security*, 28(4), 2004, 5–43.
Gurr, T. R., *Why Men Rebel*, Princeton, NJ: Princeton University Press, 1971.
Horowitz, D. L., *Ethnic Groups in Conflict*, Berkeley, CA: University of California Press, 1985.
Rothchild, D. S., *Managing Ethnic Conflict in Africa: Pressures and Incentives for Cooperation*, Washington, D.C.: Brookings Institution Press, 1997.

参考資料

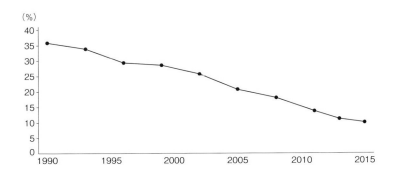

図 6-1　世界の貧困率（1990-2015）：世界で一日 1.90 ドル以下の生活をしている人の割合
（世界銀行 HP〈https://www.worldbank.org/en/news/feature/2018/12/21/
year-in-review-2018-in-14-charts（確認：2020 年 9 月 1 日）〉の図を一部改変）

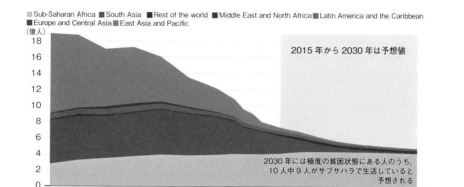

図 6-2　2030 年までの貧困地域の内訳
（世界銀行 HP〈https://www.worldbank.org/en/news/feature/2018/12/21/
year-in-review-2018-in-14-charts（確認：2020 年 9 月 1 日)〉の図を一部改変)

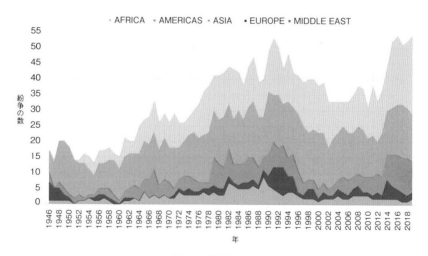

図 6-3　紛争の地域分布（1946–2018 年)
（The Uppsala Conflict Data Program（UCDP）HP〈https://ucdp.uu.se/
downloads/charts/（確認：2020 年 9 月 1 日)〉の図を一部改変)

人の移動

鶴見直人

> **人の移動はいかにして対立や武力紛争を引き起こすのか**

　人の移動と武力紛争の関係は，本来ならば双方向的に影響するものだと考えられる。しかし，ニュースなどで多く目にするのは，戦禍のために住んでいたところを追われ逃げる人々の様子である。つまり，武力紛争により余儀なくされた人の移動に目は向けられがちだ。しかし，何かしらの理由で住む場所を移らざるを得なくなった人々が，元の土地に帰還したり，あるいは「新天地」へ入植したりすることで，そこで生じた対立が武力紛争へと至るケースもある。グローバル化の進展により，人の移動がいっそう容易になりつつある中で，これらが戦争と平和とに関わりを持つ意義を整理してゆこう。

研究動向

　移動する人々をさす言葉は一様ではなく，重なりつつも異なる内容のものが存在する。出国者と入国者，移民と難民・国内避難民，巡礼者に亡命者，義勇兵やテロリスト，出稼ぎ労働者，頭脳流出，そしてトラフィッキング（人身売買）といった具合である。これらの中から研究対象（テーマ）に沿って適切なものを選択することになる。ここでは，戦争と関連することの多い，難民・国内避難民を取り上げるが，その他とも共通する前提を確認するところから始めよう。

　第一に，移動する人々の目的や理由は多岐にわたるが，冒頭の「出国／入国」に見られるように，国境線の存在を前提としている点である。このことは主権国家の領域性，およびその領域内のメンバーシップに関連した問題となることを意味している。第二に，移動する人という点において同じであっても，どのようにカテゴライズされるかは，当事者にとってまさに死活問題であり，また政府関係者にとってはそれぞれ別の対処を求められることもあり，政策論と結びつきやすい。難民や高技能移民であれば保護や歓迎の対象となりえる一方，逆に不法移民やテロリストであれば，

受け入れを抑制したり，排除したりすることが求められる。出入国に関して統一された基準はなく，各国ごとに受け入れ政策は異なっている。それぞれの政府が直面する政治・経済的な状況により，受け入れの許可や取締りの厳格さも変化する。

　国家や国際機関が，対象となる人々を数え上げて管理するとき，それは人口という形で把握される。人口の移動に対する国家や国際社会の政策について扱った研究には，全般を対象としたもの（田所 2018）や，難民問題にテーマを絞ったもの（墓田 2017）がある。移民・難民の問題へのグローバル・ガバナンスを扱ったもの（山田 2018）では，国連人口部（UN Population Division）と国連難民高等弁務官事務所（UNHCR）の二つの統計が利用されており，こういったところからも移動する人々の捉え方が多様であることが伺えよう。

　移動する人々の側に焦点をあわせると，また別の面が見えてくる。新たな土地へと移動した人々にとって，労働や生活に関わる法的権利は重要な問題である（柄谷 2016）。また，グローバルな経済格差により生じる南から北への人の移動を押し留めようという動きが起こるとき，そこには人種主義的な動機が指摘される（土佐 2006）。さらには，移動に不可欠なパスポートとビザの管理を国家が強化すると，出国や入国の窓口という「国境」よりも，はるか手前の出身国内部の手続きの時点から，移動への統制を受けるとの指摘もある（前田 2009）。

　歴史的に振り返って見ると，19 世紀の終わり頃まで，国境を越えた人の移動は主権と関連する国家の管理対象ではなかった。それを大きく変えたのが第一次世界大戦であり，この最中に国家のパスポートによる管理体制が進むと，国民を特定し，国民と国民でない者を区別する国民国家としての政府の能力が大いに拡大した。（トービー 2008）。第二次世界大戦後，東側諸国は人の移動を制限するに至るが，このことはかえって経済成長の足かせとなった。冷戦下で拡大した東西陣営間の経済格差は，冷戦が終結すると，経済的な理由による移民の発生という問題となって現れた。また，この時期は内戦や民族紛争の発生が重なり，大規模な難民や国内避難民の発生が，当事国のみならず周辺国も巻き込む不安定化の要因となった。こうして安全保障課題として捉えられるようになった移民・難民の問題だが，グローバル・ガバナンスの必要性が論じられるようになるのは 2000 年代に入ってからだった。今日，人の移動する理由が多岐に渡り，それを促すプッシュ／プル要因も多様化していることを背景として，各国政府の個別の政策の限界から，グローバル・ガバナンスの課題として人の移動が扱われるようになっている（石井 2018）。これら人の移動をめぐる問題が広範な領域にわたることを見る際には，新たな動向を収め

た論文集（小泉 2019）などが有益だろう。

　すでに幾度も大規模な人の移動を経験した現代において，これをテーマとした研究はますます重要となるだろう。なかでも，否応なく人に移動を強いる原因となるのが，武力紛争である。文献紹介では，武力紛争と人の移動を扱った緻密な研究を見てみよう。

文献解題

> 武内進一『現代アフリカの紛争と国家——ポストコロニアル家産制国家とルワンダ・ジェノサイド』明石書店，2009 年。

　冷戦終結後の 1990 年代には，世界各地で深刻な武力紛争が発生し，多くの犠牲者が出た。アフリカでも多くの内戦が勃発した。これらの国々では経済不振を経験し，国外からの支援と引き換えに民営化と緊縮財政を求める構造調整政策や政治的自由化の要請に応じ，その変化の過程で国内の不満が先鋭化し，武力紛争へと至った。なかでも 1990 年から内戦が続いていたルワンダでは，1994 年にジェノサイドが発生し，4 月から 7 月にかけてのわずか 100 日足らずのうちに 50 万人から 100 万人が殺戮されたことで，この時期の極端な例として記憶されることとなった。このジェノサイドに至るルワンダ内戦の発端こそ，北に隣接するウガンダからの武装勢力ルワンダ愛国戦線（RPF）の侵入，つまりは人の移動をきっかけとしているのである。

　ルワンダは，今でこそ経済成長を遂げた「アフリカの奇跡」や，女性が国会議員や閣僚に占める割合の高さ（女性の社会進出）で知られるが，これらは内戦後の分断を回避しようと積極的な取り組みがなされた結果といえるだろう。それら改革の端緒は，出身部族（民族）を示す身分証の廃止（1994 年）へと行き着くことからも，ジェノサイドの爪痕の深さをうかがうことができよう。

　ジェノサイド後に廃止されたのは，かつての身分証に，多数派のフツと少数派のツチ（さらにごく少数のトゥワ）という出身部族（民族）の表示であった。紹介する武内文献においては，フツはフトゥ，ツチはトゥチと表記されているため，以下こちらの表記に従おう。それぞれが人口に占める割合は，多数派のフトゥが 8 割，トゥチが 1 割ほどであり，両者は同じ言語を話し，混住していた。

この出身部族（民族）のカテゴリーは，ベルギー統治下の植民地時代に政治的なものへと操作され，強化された。植民地時代においては，少数派のトゥチが支配を行なってきたが，脱植民地化の過程で支配層が変化する。ベルギーからルワンダが独立した後に多数派のフトゥが政権を掌握すると，迫害を受けたトゥチが，ウガンダへ逃れルワンダ難民となった。ウガンダに逃れたトゥチ（亡命ルワンダ人）は，ウガンダ内政に翻弄されてきた。はじめは迫害され，政権が変わると取り立てられ，市民権の付与が約束されるまでになったものの，それが反故にされると今度は帰国を求める圧力にさらされる。この時期が当時のルワンダの政権が脆弱化したタイミングと重なったため，RPF は 1990 年に出身国への武力侵攻に及んだのである。

ジェノサイド後の 1994 年の 7 月に RPF はルワンダ全土を制圧し，今日まで続く長期安定政権を維持している。かつての RPF の最高司令官の地位にあったポール・カガメは，2003 年からはルワンダ大統領の地位にある。なお，上記のジェノサイドは，まさにこの直前に起きているが，これはルワンダ国内において，フトゥがトゥチ（および穏健派のフトゥ）に対して行ったものであり，これをフトゥ政権が虐殺を主導していたため，組織的な殺戮を指す「ジェノサイド」とされるのである（この辺りの詳細については本書の第 10 章および第 11 章を参照されたい）。隣国からの人口移動が内戦を引き起こし，その過程でジェノサイドが発生すると，さらに多くの難民・国内避難民が発生する，という悪循環が拡大していく様子がうかがえよう。

本書は紛争のダイナミズムの解明を目指したものであり，人の移動と武力紛争の関係の説明に主眼があるわけではない。しかし，武力紛争が一度でも起これば，そこに多くの難民・国内避難民が生じることは明らかである。難民や国内避難民の発生と武力紛争を一体的に捉えるべく，武内は植民地化以前までさかのぼり，植民地化の影響も含めて歴史的な経緯を丁寧に跡付ける本書では，先行研究が批判的に整理されている他，現地でのインタヴューも用いられるなど実証面での記述は厚いため，地域研究としても高く評価され，書評でも取り上げられているので，併せて参考にしてもらいたい（落合 2012）。

本書の示した人の移動の長期的な影響は，今後も紛争の要因を多角的に検討する際の手引きとなるだろう。人の移動を特集した『平和研究』を編んだ孫は「「移動」は世界を作り，また世界を変える」（孫 2019）と述べる。近年は気候変動により海面上昇や砂漠化など新たな要因による避けがたい人の移動が生じ，これが将来の新たな紛争の種となる可能性も決して低くはない。

引用・参考文献

石井由香「序論　移民・難民をめぐるグローバル・ポリティックス」『国際政治』190，2018年，1
　　-16.
落合雄彦「〔書評〕武内進一著『現代アフリカの紛争と国家——ポストコロニアル家産制国家とル
　　ワンダ・ジェノサイド』（明石書店，2009年，462頁）」『国際政治』162，2012年，157-160.
柄谷利恵子『移動と生存——国境を越える人々の政治学』岩波書店，2016年。
小泉康一（編）『「難民」をどう捉えるか——難民・強制移動研究の理論と方法』慶應義塾大学出
　　版会，2019年。
孫　占坤「巻頭言　国境を越える人びと」日本平和学会（編）『平和研究』53，2019年，i-xv。
武内進一「紛争が強いる人口移動と人間の安全保障——アフリカ大湖地域の事例から」望月克哉
　　（編）『人間の安全保障論の射程——アフリカにおける課題』アジア経済研究所，2006年，
　　pp. 151-192.
田所昌幸『越境の国際政治——国境を越える人々と国家間関係』有斐閣，2018年。
トービー，J.『パスポートの発明——監視・シティズンシップ・国家』藤川隆男（訳），法政大学
　　出版会，2008年。
土佐弘之『アナーキカル・ガヴァナンス——批判的国際関係論の新展開』御茶の水書房，2006年。
墓田桂「『難民問題』の複合性」『国際問題』662，2017年，5-16.
前田幸男「パスポート・ビザからみた統治性の諸問題——『e-パスポートによる移動の加速・管
　　理の深化』と『アフリカ大陸への封じ込め』」『国際政治』155，2009年，126-147.
山田　敦「移民・難民」大芝　亮ほか（編）『パワーから読み解くグローバル・ガバナンス論』有
　　斐閣，2018年，pp. 253-275.

参考資料

表 7-1　第一次世界大戦以降に発生した様々な内戦 （岸野浩一作成）

発生年	出来事	発生年	出来事
1917	ロシア内戦	1971	パキスタン内戦
1922	アイルランド内戦	1975	アンゴラ内戦
1927	国共内戦（中国，1946年再発）	1978	アフガニスタン内戦
1936	スペイン内戦	1979	コントラ戦争（ニカラグア）
1946	ギリシャ内戦	1983	スリランカ内戦
1948	ビルマ（ミャンマー）内戦	1989	リベリア内戦（1999年再発）
1953	ラオス内戦	1990	ルワンダ内戦
1955	スーダン内戦（1983年再発）	1991	ユーゴスラビア内戦
1960	コンゴ動乱	1991	ソマリア内戦
1960	グアテマラ内戦	1991	シエラレオネ内戦
1964	コロンビア内戦	2003	ダルフール紛争（スーダン西部）
1965	ローデシア紛争	2011	リビア内戦（アラブの春 関連，2014年再発）
1967	ナイジェリア内戦	2011	シリア内戦（アラブの春 関連）
1969	フィリピン内戦	2014	ウクライナ東部紛争・クリミア危機
1970	カンボジア内戦	2014	イエメン内戦（アラブの春 関連）

表 7-2 アフリカ大湖地域諸国における主要な政治変動（武内 2006：157）

年代	ルワンダ	ブルンディ	コンゴ民主共和国
1950	トゥチ・エリートを中心とする政治体制崩壊（「社会革命」）（1959〜）		
1960	独立（1962）トゥチ排斥。難民化（〜1963）	独立（1962）フトゥ虐殺（1965, 1969）	独立（1960）ルワンダ難民流入コンゴ動乱。東部反乱（1960〜64）
1970	トゥチ排斥。クーデタ（1973）	フトゥ虐殺（1972）。タンザニアへ難民化	
1980		フトゥ虐殺（1988）	
1990	内戦（1990〜94）。トゥチ虐殺（1994）。フトゥ難民化（1994）。トゥチ難民帰還（1994）。フトゥ難民帰還（1996〜97）	内戦（1993〜）。フトゥ虐殺（1993）	ルワンダ難民流入（1994）第一次内戦（1996〜97）。モブツ失脚（1997）。第二次内戦（1998〜2003）
2000		内戦（1993〜2001）	第二次内戦（1998〜2003）

注）ブルンディでは和平交渉の結果 2001 年に移行政権が発足したが，その後も武装闘争を放棄しない集団が存在する。コンゴ民主共和国では 2003 年に移行政権が発足し，第二次内戦が一応の終結をみたが，その後も東部で紛争が続発している。

II　国家の安全保障

地 政 学

永田伸吾

地理は国際政治にどのような影響を及ぼすのか

　歴史上，地理的条件が国家や民族の盛衰に影響を及ぼしてきたことは論を俟たない。それ故，国際政治の研究においても地理的感覚は不可欠である。そして，将来の予測を目的の一つとする戦略（研究）においても，政治と地理の相互作用を扱う地政学は重要な位置を占めている。それでは，地政学は国際政治の将来を展望する上でどのような役割を果たすのであろうか。

研究動向

　国際政治学の主要理論であるリアリズム（現実主義）において，地理が国際政治に及ぼす影響は強く認識されている。例えば，古典的リアリズムの泰斗であるハンス・モーゲンソーは，国力の諸要素を「比較的安定した要素」と「常に変化している要素」に分類した上で，地理を「最も安定した要素」と位置付けている（モーゲンソー 2013）。

　しかし，地政学はもともと地理学から派生した知的体系であった。地政学が生まれた 19 世紀末期は，英露が「グレートゲーム」と呼ばれるユーラシア大陸での覇権抗争を繰り広げる一方で，日米独が帝国主義的政策を採用し植民地獲得競争に参入した時代であった。このような時代状況は政治学と地理学の融合を促し，それは地政学として体系化されることで，列強の対外政策の理論的支柱となった。このようにして 19 世紀末期から第二次世界大戦中にかけて体系化された地政学は，一般に古典的地政学と呼ばれ，それは大陸系地政学と英米系地政学に大別される。

　大陸系地政学は，当時流行した社会ダーウィニズムの影響を受け，国家を有機体とみなすことで，国家は「自給自足（アウタルキー）」のための「生存圏（レーベンスラウム）」を必要とするという論理を特徴としている。大陸系地政学は，ドイツの政治地理学者のフリードリッヒ・ラッツェルに始まり，その教えを継承したスウェ

ーデン人のルドルフ・チェレーン，そしてドイツ軍人で地政学者のカール・ハウス
ホーファーによって体系化された。しかし，ハウスホーファーの地政学理論がナチ
スの拡大政策に悪用されたことで，大陸系地政学は第二次世界大戦の終焉とともに，
欧米ではその学術的命脈を断った。

　英米系地政学は，ユーラシア大陸を支配するランドパワー（大陸国家）の台頭に
シーパワー（海洋国家）がどのように対応するのかについて考察することを特徴と
する。その嚆矢となった，米国の戦略家であるアルフレッド・マハンのシーパワー
理論（マハン 2008）は，19 世紀末以降の米国の帝国主義的政策の理論的支柱となり，
米国はシーパワーとして海軍力の整備を進めることになった。そして，20 世紀前期
には，英国の地理学者のハーフォード・マッキンダーが，ロシアとドイツを念頭に
「東欧を支配する者はハートランド（ユーラシア大陸中心部）を制し，ハートラン
ドを支配する者は世界島（ユーラシア大陸とアフリカ）を制し，世界島を制する者
は世界を制する」として，ランドパワーの台頭とそれに対するシーパワーによる牽
制を体系化した（マッキンダー 2008）。さらに，第二次世界大戦が始まると，マッ
キンダーの理論を継承した米国の政治学者のニコラス・スパイクマンが，ハートラ
ンドを支配するランドパワーから米本土を防衛することを目的に，米国がユーラシ
ア大陸周辺部（リムランド）に関与する必要性を理論化した（スパイクマン 2021）。
そして冷戦期の米国は，スパイクマンの理論に従いリムランドに同盟国を持つこと
で，対ソ封じ込め政策を実践した。

　他方で，地政学は，大陸系地政学がナチスに悪用されたことで「悪の学問」と見
なされた。また，地理を国力の主要な要素と位置付けたモーゲンソーさえも，地政
学を「地理という要因が国家の力を，したがって国家の運命を決定するはずの絶対
的なものであるとみなす，えせ科学」として退けた（モーゲンソー 2013）。

　1970 年代から 80 年代に古典的地政学は一時注目されるものの，一方で，80 年代
初頭に古典的地政学につきまとう権力側からの恣意性・操作性に注目した「批判的
地政学」が登場したこともあり（奥山 2020），学問としての古典的地政学は長い間
不遇の時代を過ごすことになる。しかし，2010 年代以降，中露などランドパワー大
国の行動原理を理解する枠組みとして，古典的地政学は再評価されつつある。さら
に近年の気候変動に伴い，北極圏の戦略的意義が冷戦期と大きく変化するなど，地
政学はその対象と可能性を広げつつある（小泉 2019）。

文献解題

> カプラン，R.『地政学の逆襲——「影の CIA」が予測する覇権の世界地図』櫻井祐子（訳）・奥山真司（解説），朝日新聞出版，2014 年。

戦略はその性質上，未来のことを扱うため推測的にならざるを得ない（奥山 2014）。そのため，戦略研究における地政学も，国際政治の展望に資することにその意義を見出せるのかもしれない。本書もまた，国際政治の考察に不可欠でありながら，ポスト冷戦期に一時的に失われた地理的感覚をよみがえらせることで，21 世紀の国際政治を展望することを目的としている。

著者は，元国際ジャーナリストであり，数々のシンクタンクの研究員を歴任する地政学の専門家である（副題の「影の CIA」は，著者が 2012 から 2014 年に地政学チーフアナリストとして所属した世界的インテリジェンス企業「ストラテジック・フォーキャスティング」の異名である）。そして，『南シナ海——中国海洋覇権の野望』（カプラン 2014）では，シーパワーに重点を置いているのに対し，本書は，ユーラシア大陸をめぐる地政学に重点を置いている。

本書の叙述は，やや扇動的な日本語訳の副題から受ける印象とは異なる。まず，第 1 部「空間をめぐる競争」は，マッキンダーやスパイクマンなどの古典的地政学を概観することで地政学入門としての役割を十二分に果たしている。同時に，ウィリアム・マクニールやマーシャル・ホジソンなどシカゴ大学の歴史学者の知見を縦横に引用することで，内容に広がりと深みを与えている。第 2 部「二一世紀初めの世界地図」では，ヨーロッパ，ロシア，東アジア，南アジア，中東，近東の各地域について，地理的特徴や歴史を踏まえながら各地域の地政学的位置づけと展望を示す。第 3 部「アメリカの大戦略」では，フェルナン・ブローデルの地理を取り入れた歴史研究に基づきながら，メキシコがアメリカの安全保障において地政学的に枢要な位置にあることを論証する。

このように本書は，数世紀単位で歴史を俯瞰しながら地理が国家の対外政策に大きな影響を与えることを説明する一方で，モーゲンソーの地政学批判と対照的に，必ずしも地理が国家の運命を決定するとはみなしていない。むしろ，地理という「運命」を人間がいかに克服するのかこそが，本書に通底するテーマといえる。

　本書は，ユーラシア大陸を中心に扱うことから，必然的にマッキンダーへの論及が多い。また，地理的特徴と歴史を縦横に論じる手法は，マッキンダーの『デモクラシーの理想と現実』（マッキンダー 2008）を彷彿させるものがある。このような本書の論述スタイルは，地政学的分析を叙述する際の一つのモデルになることを示唆するとともに，改めてマッキンダーが現代地政学の祖であることを認識させる。他方で，著者のジャーナリストとしての経験から本書には旅行記的な叙述が多くみられる。学術的に好ましいかはともかく，このような叙述は，読者が地理的感覚をイメージする上で助けとなることは間違いない。

　本書を読むうえで留意せねばならないのは，その出版時期である。本書（日本語訳）は 2014 年に出版されたが，原書は 2012 年に出版されている。それ故，2013 年に発表された中国の「一帯一路」構想や，2014 年 3 月のロシアのクリミア併合には触れていない。それにもかかわらず，第 2 部でのロシアや中国についての分析は，本書が 21 世紀の国際政治を展望するという目的を相応に果たしていることを証明するものであり，その価値を一層高めている。

　本書は，国際政治の学術研究おける地政学的知見の不可欠性を示すと同時に，「アメリカとその同盟国が何をすべきか」という政策的課題の理解に資することを目的としている（カプラン 2014）。実際，本書で引用される米国人政治学者のヤクブ・グリギエルは，中国，イラン，ロシアからの挑戦への対抗を目的に，スパイクマンのリムランド理論に基づいたアメリカの同盟再構築についての政策提言を近著で試みている（グリギエル＆ミッチェル 2019）。このように，その成り立ちから国家の対外政策と無縁ではない地政学は，学術研究と政策科学の側面を併せ持った知的体系といえよう。

引用・参考文献

奥山真司「戦略研究の過去・現在・未来──英米圏の議論を中心に」『戦略研究』14，2014 年，59-77.

奥山真司「国際関係論の基軸──欧米諸国による研究動向」庄司潤一郎・石津朋之（編著）『地政学原論』日本経済新聞社，2020 年，pp. 31–66.

グリギエル, Y. ・ミッチェル, W.『不穏なフロンティアの大戦略──辺境をめぐる攻防と地政学的考察』奥山真司（監訳）・川村幸城（訳），中央公論新社，2019 年。

カプラン, R.『南シナ海──中国海洋覇権の野望』奥山真司（訳），講談社，2014 年。

小泉　悠『「帝国」ロシアの地政学──「勢力圏」で読むユーラシア戦略』東京堂出版，2019 年。

スパイクマン, N.『米国を巡る地政学と戦略──スパイクマンの勢力均衡論』小野圭司（訳），芙蓉書房出版，2021 年。

マッキンダー, H.『マッキンダーの地政学──デモクラシーの理想と現実（新装版）』曽村保信（訳），原書房，2008 年。

マハン, A.『マハン海上権力史論（新装版）』北村謙一（訳），原書房，2008 年。
モーゲンソー, H.『国際政治——権力と平和（下）』原彬久（訳），岩波書店，2013 年。

参考資料

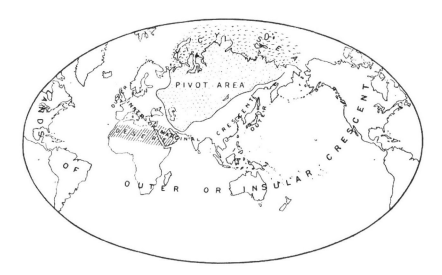

図 8-1　マッキンダーの地政学
("The Geographical Pivot of History," *Geographical Journal*, 23（4）（April 1904）
〈https://commons.wikimedia.org/wiki/File:Heartland.png（確認：2021 年 2 月 12 日）〉）

表 8-1　19 世紀～ 20 世紀初頭の主な戦争（著者作成）

年　　月	出　来　事	戦勝国	敗戦国
1803 年　　5 月	ナポレオン戦争（～ 1815 年 11 月）	英墺露普など	フランス
1840 年　　6 月	アヘン戦争（～ 1842 年 8 月）	イギリス	清
1853 年　10 月	クリミア戦争（～ 1856 年 3 月）	英仏土など	ロシア
1870 年　　7 月	普仏戦争（～ 1871 年 5 月）	プロイセン	フランス
1894 年　　7 月	日清戦争（～ 1895 年 4 月）	日本	清
1898 年　　4 月	米西戦争（～同年 8 月）	アメリカ	スペイン
1900 年　　6 月	北清事変（～ 1901 年 9 月）	列強 8 カ国	清
1904 年　　2 月	日露戦争（～ 1905 年 9 月）	日本	ロシア

表 8-2　クリミア半島の歴史（著者作成）

年　　月	出　来　事
1783 年　　4 月	ロシアによるクリミア・ハン国併合
1783 年　　5 月	セヴァストポリ海軍基地の竣工
1853 年　10 月	クリミア戦争（～ 1856 年 3 月）
1917 年　10 月	ロシア革命とソ連の成立（～ 1922 年 12 月） ・クリミア自治ソビエト社会主義共和国成立（1921 年 10 月） ・ソビエト社会主義共和国連邦成立（1922 年 12 月）
1939 年　　9 月	第二次世界大戦の勃発と独ソ戦（1941 年 6 月～ 1945 年 5 月） ・セヴァストポリ包囲戦（1941 年 9 月～ 1942 年 7 月）
1954 年　　2 月	クリミア自治共和国をロシアからウクライナに移管
1991 年　12 月	ソ連の崩壊とウクライナの独立
2014 年　　2 月	ウクライナ危機とロシアによるクリミア併合（～現在） ・クリミア共和国の独立宣言とロシアへの編入（2014 年 3 月）

海洋安全保障

小田桐 確

> ## 海洋の国際秩序はどのように形成されるのか

　海洋は，地球の総面積の約7割を占める。世界の貨物輸送の97%以上を海運が担っており[1]，日本の輸出入に占める海上貨物の割合は99.6％に上る[2]。また，輸送ルートとしてのみならず，漁業資源や海底の鉱物資源の供給源として，あるいは，水や大気の循環や浄化に資する自然環境として，「グローバル・コモンズ」（遠藤乾2015）となっており，「海は残された最大のフロンティア」（高坂1965）と評される。では，中央政府を欠くアナーキーな世界において，海洋，特に公海上の安全と航行の自由の確保という国際公共財は，いかにして実現されるか。

研究動向

　19世紀の米国海軍戦略家アルフレッド・セイヤー・マハンは，制海の重要性を訴えた（マハン2008）。今日の国際政治学者もまた，圧倒的な経済力を有する覇権国が強大な海軍力を保有して海洋を支配するという見方を提示する（Gilpin 1981；竹田2019）。実際，19世紀にはパクス・ブリタニカ，20世紀半ば以降はパクス・アメリカーナが築かれた（田所2006；田所・阿川2013）。

　ところが，21世紀に入ると，海洋秩序を脅かす動きが見られるようになった。その一つが，海賊による犯罪行為である。海賊事件が多発する海域としてはマラッカ・シンガポール海峡が長く知られているが，2007年頃からはソマリア沖・アデン湾でも海賊の活動が活発化した（山田2009；竹田2013）。紅海やペルシャ湾の出

---

1) 株式会社商船三井HP〈https://www.iccworld.co.jp/ibp/partners/%E6%A0%AA%E5%BC%8F%E4%BC%9A%E7%A4%BE%E5%95%86%E8%88%B9%E4%B8%89%E4%BA%95（確認：2021年2月8日）〉

2) 国土交通省HP「海事レポート2020」p. 27〈https://www.mlit.go.jp/maritime/content/001415994.pdf（確認：2021年9月3日）〉

入口に当たる同海域は，アジアと中東・欧州を結ぶ海上交通路（シーレーン）の要衝であり，毎年，日本関係船舶約 2 千隻が通過する[3]。自衛隊は 2009 年以来，護衛艦 2 隻と P-3C 哨戒機 2 機を派遣し海賊対処行動を続けている。ただし，遠藤貢（2015）は，海賊活動のビジネス化と組織犯罪化を指摘し，収束の困難さを示唆している。

　海洋秩序を揺るがしかねないもう一つの要因が，気候変動（地球温暖化）に伴う北極海の海氷の融解である（奥脇・城山 2013）。ロシア北方の北極海航路は，太平洋と大西洋を結ぶ最短航路でありながら，厚い氷に阻まれていた。だが，平均気温の上昇は，商業的実用化の可能性をもたらしつつある。ロシア，ノルウェー，カナダなど沿岸国に加え（小泉 2019），非沿岸国でありながらも対欧州連合（EU）貿易額の大きい中国が商業用の砕氷船の建設，試験航行などに着手している。また，北極海域では石油や天然ガスの埋蔵が確認されており，資源開発をめぐる緊張関係や領有権紛争が高じる恐れがある。そうしたなか，1996 年に北極評議会が設立され，日本は 2009 年以来オブザーバー参加している。

　さらには，海洋秩序の開放性が自らの動揺を生み出している面がある。すなわち，米国の海軍力が支える航行の自由に依拠して貿易量を増大させ，急速に経済成長を遂げつつある新興国が海軍力を増強し，既存の海洋秩序を脅かす動きを見せ始めたのである。なかでも中国は資源輸入と経済発展を海上輸送に依存しているが，同国にとり死活的に重要な海上交通路のほぼ全域が米国の軍事的影響下にある。そこで中国は，習近平政権が発足した 2012 年以来，「海洋強国の建設」を掲げ，海軍増強と海洋進出を加速させている。それに対し，中国の動きを「修正主義」と見なす米国は[4]，「エアシーバトル」といった新たな戦略を検討している（フリードバーグ 2013；梅本 2018）。

3）海上自衛隊 HP「海賊対処行動」〈https://www.mod.go.jp/msdf/operation/cooperate/pirates/（確認：2021 年 2 月 8 日）〉

4）U.S. Department of Defense, "Summary of the 2018 National Defense Strategy of the United States of America: Sharpening the American Military's Competitive Edge" 〈https://dod.defense.gov/Portals/1/Documents/pubs/2018-National-Defense-Strategy-Summary.pdf（確認：2021 年 2 月 8 日）〉

文献解題

> 後瀉桂太郎『海洋戦略論──大国は海でどのように戦うのか』勁草書房,
> 2019 年。

　21 世紀の海洋をめぐる国際環境は不確実性を増している。とりわけ，太平洋からインド洋に跨る海域（インド太平洋）は，主要国が軍事的に対峙する主舞台となりつつある。各国はいかなる海洋軍事戦略を選択するのか，また，20 世紀以来の米国覇権に基づく海洋秩序はいかなる変容を遂げるのか。こうした問いに答えるために，社会科学の厳密な方法論に則って，包括的な分析枠組み（「因果推論モデル」）を構築することが本書の目的である。

　本書の分析射程は，限定的な一般化を目指す「中範囲理論」であるとされ，三つの前提仮定が予め明確化される。すなわち，国家が合理的であること，核抑止が機能すること，国家が先進軍事技術を保有することである。これらを前提とするなら，軍事力使用のハードルの高さゆえに，大国間で高烈度の戦争が生起する可能性は極めて低く，通常戦力における抑止が軍事戦略の焦点となる。その一方で，高烈度レベルでの「手詰まり状態」は，主要国間の長期的な対立と低烈度紛争の継続という「安定 – 不安定のパラドクス」を生む。

　これらの前提の下，因果モデルを構築するに当たり，六か国にわたる九つの事例が検討される。ここで，海洋軍事戦略の比較分析を行う際に基本的な要素となるのが，領域拒否，制海，戦力投射という三つの概念である。本書によれば，海洋における戦力はこれらの三要素から構成されており，いずれに優先順位を置くかという戦力組成の観点から海洋軍事戦略の四つのパターンを読み取ることができる。具体的には，米ソ冷戦末期の 1980 年から現在（2017 年）までの間の主要国（米国，英国，日本，インド，ソ連／ロシア，中国）の海洋軍事戦略が考察の対象とされる。これら六か国の事例は，経済規模と国防予算の規模という明確な基準に基づいて選定されている。

　軍事における革命（RMA）がもたらす先進的な軍事技術の拡散は，高度な領域拒否戦略を実行可能にする。中国を例にすれば，1990 年代以来，米軍の制海・戦力投射を拒否すべく対艦巡航ミサイルを配備・増強するなど，接近拒否・領域拒否

（A2AD）戦略を採用してきた．領域拒否の高度化は，局地的な優勢を確保し，米国による海洋使用の自由を容易に阻害できることを意味する．こうしたなか，前方展開する米軍基地の安全性を高め，米軍の来援基盤の確保を狙う日本は，潜水艦の増勢，南西諸島への対艦ミサイル部隊の配備などを通じて領域拒否能力を向上させている．結果として，日中間には，相互領域拒否の状況が生まれている．領域拒否は現状変更を強制する力が弱いことから，海域での「手詰まり」をもたらすことになる．とはいえ，経済のグローバル化に伴い，海上貿易への依存度が高まるなか，シーレーンを防衛するためには外洋での制海能力が必要とされる．領域拒否を重視してきた中国も，2010 年以降は，空母の開発・配備など制海と戦力投射に向けた能力向上の傾向を見せている．

　比較事例研究の結果は，二つの独立変数と四つの従属変数から成る因果推論モデルとして提示される．すなわち，「米国の制海及び戦力投射に関する優先度」と「米国の軍事的優越を受容するか否か」という二つの要因から，九つの事例のうち（米国の事例を除く）八つの事例が示す海洋軍事戦略のバリエーション（制海重視，領域拒否重視，領域拒否と制海の同時追求など）を説明する因果モデルに集約される．ただし，事例の一つである米国の戦略の変化に関しては別個の論理が述べられており，実質的には二つの因果モデルが示されていることになる．また，米国の戦略の変化が他の主要国の戦略の変化にどのように効いたのかは，今回の比較事例研究を見る限り判然としない．なお，著者自身が示唆するように，「米国」を「覇権国」として一般化することで，モデルの分析射程を広げることが可能であろう．

　本書は，平山（2019）が評する通り，海洋戦略のモデル化の原点となるべき有益な研究成果である．ただし，方法論上の重要な問題点を指摘せねばならない．本書の推論の仕方は「帰納法」に基づく．すなわち，本書の最後で「モデル」として提示されるものは，事例研究を通じて発見した「仮説」にとどまる．この仮説が実証され，一般的な法則として定立されるためには，本書では取り上げられていない新たな事例に適用してその妥当性を検証する必要がある．著者自身，六か国以外の海洋戦略への適用可能性を示唆しており，さらなる研究の発展が期待される．

引用・参考文献

梅本哲也『米中戦略関係』千倉書房，2018 年。
遠藤　乾（編）『グローバル・コモンズ』岩波書店，2015 年。
遠藤　貢『崩壊国家と国際安全保障——ソマリアにみる新たな国家像の誕生』有斐閣，2015 年。
奥脇直也・城山英明（編）『北極海のガバナンス』東信堂，2013 年。

小泉　悠『「帝国」ロシアの地政学』東京堂出版，2019 年。

高坂正堯『海洋国家日本の構想』中央公論社，1965 年。

竹田いさみ『世界を動かす海賊』筑摩書房，2013 年。

竹田いさみ『海の地政学――覇権をめぐる 400 年史』中央公論新社，2019 年。

田所昌幸（編）『ロイヤル・ネイヴィーとパクス・ブリタニカ』有斐閣，2006 年。

田所昌幸・阿川尚之（編）『海洋国家としてのアメリカ――パクス・アメリカーナへの道』千倉書
　　房，2013 年。

平山茂敏「大国の海洋戦略の相克――後潟桂太郎著『海洋戦略論』」『戦略研究』25，2019 年，173
　　-184.

フリードバーグ，A.『支配への競争――米中対立の構図とアジアの将来』佐橋　亮（監訳），日本
　　評論社，2013 年。

マハン，A. T.『海上権力史論（新装版）』北村謙一（訳），原書房，2008 年。

山田吉彦『海の政治経済学』成山堂書店，2009 年。

Gilpin, R., *War and Change in World Politics*, Cambridge: Cambridge University Press, 1981.

参考資料

図 9-1　日本の領海等概念図

（海上保安庁 HP「管轄海域情報～日本の領海～」〈https://www1.kaiho.mlit.go.jp/JODC/ryokai/
ryokai_setsuzoku.html（確認：2021 年 2 月 8 日）〉の図を一部改変）

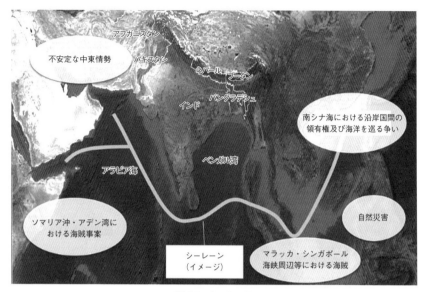

図 9-2　シーレーン
（首相官邸 HP「「なぜ」，「いま」，平和安全法制か？」
〈https://www.kantei.go.jp/jp/headline/heiwa_anzen.html（確認：2021 年 2 月 8 日）〉の図を一部改変）

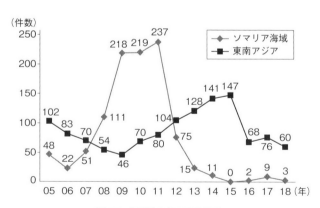

図 9-3　海賊等事案の発生状況
（防衛省 HP『令和元年版防衛白書』〈https://www.mod.go.jp/j/publication/wp/wp2019/html/n33201000.html
（確認：2021 年 2 月 8 日）〉の図を一部改変）

注）資料は，国際商業会議所（ICC）国際海事局（IMB）のレポートによる。

宇　　宙

岸野浩一

> 宇宙空間はいかにして軍事的に利用されるのか

　米国のトランプ政権は，ロシアや中国が進める軍事目的の宇宙開発に対抗すべく，陸海空軍・海兵隊・沿岸警備隊に次ぐ第6の新たな軍種として「宇宙軍」を2019年に創設した。日本も，航空自衛隊に宇宙領域を専門とする部隊を2020年に新編し発足させた。各国はどのような宇宙の軍事利用を進めているのだろうか。

研究動向

　天文の知識は，古来より占星術などの形態で為政者らによって政治的・軍事的に利用されてきたが，大気圏外への到達に成功した20世紀後半より，地球外の宇宙空間（outer space）が政治や軍事において重要視されるようになった。第二次世界大戦の際にドイツが開発したV2ロケットの技術を発展させ，ソ連が1957年に大陸間弾道ミサイル（ICBM）の試射と人工衛星「スプートニク1号」の打ち上げに成功した。冷戦が進行するなか，ソ連製の物体が西側諸国の人々の頭上に存在するようになった事実は，米国などに大きな衝撃をもたらし（スプートニク・ショック），とくに米国ではソ連に宇宙開発で後れを取っているのではないかとして「ミサイルギャップ」論争が展開されることとなった（マクマン 2018）。以後，米ソ間ではロケットやミサイルの開発製造競争が生じた。1961年には，ソ連による有人宇宙飛行成功（ガガーリン・ショック）を受けて，米国が人類初の有人月面着陸を目指すアポロ計画を発表するなど，1960年代には米ソの宇宙開発競争が激化した。1983年に，宇宙空間から弾道ミサイルを迎撃する技術の開発を含む「戦略防衛構想（SDI）」を米国のレーガン政権が発表した際には，米ソ間の弾道ミサイル保有数などに基づく軍事戦略上の均衡状態を不安定化させるのではないかとの批判や，米ソ両国が宇宙で戦うようになるのではないかなどの懸念が提起された。これらの点から，SDIは「スター・ウォーズ計画」とも呼ばれた（福島 2019：5）。

　地球軌道上の宇宙空間は，偵察や軍の指揮通信などを行う人工衛星の軌道や ICBM の弾道として軍事化されると同時に，軍事戦略上重要な人工衛星を破壊する「衛星攻撃」（ASAT）兵器や，SDI で計画されたような対立国の ICBM を要撃する「弾道ミサイル防衛」（BMD）などのシステムによっても軍事化される（永井 1986）。

　今日までに多数の人工衛星が打ち上げられ，通信や気象観測をはじめとする多様な用途で活用されるようになった。湾岸戦争（1991 年）では，偵察や通信に加えて監視・ミサイル早期警戒・気象観測・測位・画像情報収集などの目的で約 60 もの人工衛星が多国籍軍によって利用されたとされ，同戦争は歴史上「最初の宇宙戦争」（the first space war）であると呼ばれている（杉村 2017：246；福島 2019：6）。米軍による全地球測位システム（GPS）の完全運用が 1995 年に開始されたことで，GPS 誘導弾や，GPS と衛星通信による滞空型無人航空機の位置把握や遠隔操縦が可能となり，ユーゴスラヴィア空爆（1999 年）・アフガニスタン戦争（2001 年以降）・イラク戦争（2003 年）などでこれらが活用された。21 世紀初頭の現代では，地上の戦闘でも情報通信技術と一体となった宇宙空間の利用が必要不可欠となりつつある。ゆえに宇宙戦争の形態には，（人工衛星などに対する）宇宙における直接攻撃とサイバー空間上での攻撃の双方が含まれる（タイソン 2019）。陸海空やサイバー空間などの領域と連動しうる宇宙戦（space warfare）が，2000 年頃より重要な戦いのあり方として浮上し，その戦略の研究が進められている（Klein 2006；Johnson-Freese 2016）。

　人工衛星は民軍ともに利用する両用品であるため，その輸出規制のあり方が問題となるほか（髙木 2015），無規制に打ち上げられた大量の人工衛星が相互衝突する危険性や，廃棄・破壊された人工衛星やロケットの部品などが「スペース・デブリ」（宇宙ごみ）となって他の衛星や有人宇宙ステーションなどを破壊しかねないことが問題視されている。2007 年に中国が人工衛星破壊（ASAT）の実験を実施し大量のデブリを発生させ，しかも民用人工衛星を破壊するだけで宇宙空間の安全を容易に脅かせることが明らかになったことで，デブリや ASAT の問題が地球軌道を利用するすべての国々にとって喫緊の課題として認識されるようになった（鈴木 2015）。

　「宇宙条約」（1967 年発効）の第 4 条で，大量破壊兵器の地球軌道上への配置が禁止されている以外，宇宙空間の軍事利用に対する他の規制は存在しない。同条約は，主権国家の管轄範囲外の空間を統制する国際法たる「南極条約」（1961 年発効）を参考として形成されたルールである（池島 2000）。しかし，宇宙は南極と異なり，

大国の核戦略や地上での戦闘行動と一体となった軍事利用が行われており，強制力を伴った軍備規制や軍縮の条約を新たに作る試みは成功していない。だが近年では，デブリの規制などをめぐって，国連において緩やかなガイドラインなどとしての規範形成が進められている（杉村 2017；青木 2019）。宇宙空間におけるルール形成を通じて，全人類を権利義務の主体とするガバナンスのあり方が実現していく可能性や（青木 2015），人類のさらなる宇宙進出によって国境を超えたコスモポリタニズム（世界市民主義）が普及する可能性なども指摘されている（呉羽 2019）。宇宙への進出は，地上の国家間対立の延長上で宇宙空間をめぐる争いを生じ続けさせる可能性とともに，人類世界の政治のありようを根本から変革させる可能性を秘めている。宇宙は国際政治における「新たなフロンティア」なのである（鈴木 2019）。

文献解題

> 鈴木一人『宇宙開発と国際政治』岩波書店，2011 年。

　国境のない宇宙空間では今日，各国政府（軍）や民間の様々な主体が各々の目的のために活動しており，宇宙利用をめぐる政治は複雑化している。本書は，各国の宇宙開発の歴史を紐解きながら，明確な理論的枠組みに基づき宇宙の開発・利用をめぐる国際政治の多様な動態を説き明かそうとする，「宇宙と政治」の研究書である。

　本書の第一部ではまず，分析のフレームワークが示される。第一に，各国が宇宙の開発と利用を行うことで持つパワーとして，ジョセフ・S・ナイの分析概念を援用して，軍事力や経済力など物理的強制力としての「ハード・パワー」と自らの魅力により他者を誘導する力としての「ソフト・パワー」の二種類が挙げられる。具体的には，ICBM はハード・パワーとして，有人宇宙飛行はソフト・パワーとして各々他国に対する国際政治上の作用を有する。第二に，人工衛星などの宇宙技術が「社会インフラ」として機能している点が指摘される。例えば監視・観測衛星は，各国の軍事目的で使用されると同時に，地球上の気象や地理的な変化を記録することによって環境保全活動や農業支援などに役立つ情報分析を可能にし，各国社会ひいては地球規模のインフラ・公共財としても機能している。よって宇宙開発は公共事業の一面も有していることになる。加えて第三に，宇宙技術は，商業・外交上の目的のため

に各国間で移転や取引が可能な「コモディティ」（汎用品）となっていることが説かれる。この観点から，自国が開発したロケット技術を同盟国に移転することで，自国の経済的利益に加えて同盟関係の強化が図られている実態などが明らかになる。

　以上の分析概念を駆使して，第二部では米国・欧州・ロシア（ソ連）・中国・インド・日本の宇宙開発政策についての事例研究が展開され，第三部では，地域および地球規模の宇宙開発・利用の実態と課題が考察されている。例えば，中国の事例が次のように分析される。中国は，冷戦と中ソ対立のなかで宇宙開発を米ソに頼ることができず，独自開発の路線を歩んだ。1970年代以降，中国は国内社会経済の問題解決と国際的地位の向上のため，主に「社会インフラ」としての宇宙開発を進めていく。冷戦の終結によって共産党支配の体制が揺らぐと，その権威の正当化と国内の安定化のため，「ソフト・パワー」の獲得を目指し有人宇宙飛行の事業を進めることとなった。中国はまた，自らの衛星を「コモディティ」として安価で提供することにより資源国との関係性を高め，資源外交を有利に進めているとされる。米ソを後追いしていた中国は，結果的に米ソ（露）に比肩しうる「ハード・パワー」としての宇宙技術を得ることとなった。しかし，ASAT実験で明らかとなったように，ハード・パワーとしての軍事的な宇宙技術の利用は中国自らも頼る社会インフラとしての宇宙システムを危機にさらしうる。ここから，グローバル・ガバナンスとしての宇宙のルール化が求められ，大国間でその主導権争いが生ずることになる。

　本書の視点をふまえ，各国の安全保障のために宇宙が軍事利用される側面と，宇宙空間の安全を保障するガバナンスが模索される側面の双方を分析する研究が展開されつつある（福島2020）。本書が提起する分析概念は，競争と協力が入り交じる宇宙開発の現実を理解するうえで有効なツールであり（山田2013），宇宙空間の利用をめぐる多面的で複雑な国際政治を透徹した理論的視角から考察することを可能にするものである。

引用・参考文献

青木節子「人類概念と宇宙のガバナンス」「宇宙の人間学」研究会（編）『なぜ，人は宇宙をめざすのか——「宇宙の人間学」から考える宇宙進出の意味と価値』誠文堂新光社，2015年，pp. 210-230.

青木節子「宇宙ガバナンスの現在——課題と可能性」『国際問題』684，2019年，15-24.

池島大策『南極条約体制と国際法——領土，資源，環境をめぐる利害の調整』慶應義塾大学出版会，2000年。

呉羽真「人が宇宙へ行く意味」京都大学宇宙総合学研究ユニット（編）『人類はなぜ宇宙へ行くのか』朝倉書店，2019年，pp. 117-136.

杉村拓哉「宇宙空間における軍縮とソフトロー——ASAT兵器規制の観点から」『法学政治学論

究』113，2017 年，241-272.

鈴木一人「宇宙安全保障」鈴木一人（編）『技術・環境・エネルギーの連動リスク』岩波書店，2015 年，pp. 253-276.

鈴木一人「宇宙――国際政治の新たなフロンティア」『国際問題』684，2019 年，1-4.

タイソン，N. D.『宇宙の地政学――科学者・軍事・武器ビジネス 下』北川　蒼・國方　賢（訳），原書房，2019 年。

髙木　綾「技術貿易をめぐる国内政治プロセス――米国の対中商用人工衛星の輸出規制に内在する安全保障と経済」『国際政治』179，2015 年，30-43.

永井陽之助「宇宙のノモス――戦後平和と戦略防御」『国際政治』日本国際政治学会創立 30 周年記念号，1986 年，2-31.

福島康仁「安全保障からみた宇宙――作戦支援から戦闘の領域へ」『国際問題』684，2019 年，5-14.

福島康仁『宇宙と安全保障――軍事利用の潮流とガバナンスの模索』千倉書房，2020 年。

マクマン，R. J.『冷戦史』青野利彦・平井和也（訳），勁草書房，2018 年。

山田　敦「書評 鈴木一人著『宇宙開発と国際政治』（岩波書店，二〇一一年，三〇〇頁）」『国際政治』171，2013 年，156-159.

Johnson-Freese, J., *Space Warfare in the 21st Century: Arming the Heavens* (*Cass Military Studies*), New York: Routledge, 2016.

Klein, J. J., *Space Warfare: Strategy, Principles and Policy* (*Space Power and Politics*), London: Routledge, 2006.

参考資料

表 10-1　宇宙条約と南極条約の条文比較（外務省訳に基づき著者作成）

宇宙条約 （「月その他の天体を含む宇宙空間の探査及び利用における国家活動を律する原則に関する条約」， 1966 年採択，1967 年発効）	南極条約 （1959 年採択，1961 年発効）
第四条 条約の当事国は，核兵器及び他の種類の大量破壊兵器を運ぶ物体を地球を回る軌道に乗せないこと，これらの兵器を天体に設置しないこと並びに他のいかなる方法によってもこれらの兵器を宇宙空間に配置しないことを約束する。 月その他の天体は，もっぱら平和的目的のために，条約のすべての当事国によって利用されるものとする。天体上においては，軍事基地，軍事施設及び防備施設の設置，あらゆる型の兵器の実験並びに軍事演習の実施は，禁止する。科学的研究その他の平和的目的のために軍の要員を使用することは，禁止しない。月その他の天体の平和的探査のために必要なすべての装備又は施設を使用することも，また，禁止しない。	第一条 1　南極地域は，平和的目的のみに利用する。軍事基地及び防備施設の設置，軍事演習の実施並びにあらゆる型の兵器の実験のような軍事的性質の措置は，特に，禁止する。 2　この条約は，科学的研究のため又はその他の平和的目的のために，軍の要員又は備品を使用することを妨げるものではない。

表 10-2　第二次世界大戦後の宇宙の軍事利用に関わる主な動き（著者作成）

年　月	出来事
1957 年　　8 月	ソ連　世界初の大陸間弾道ミサイル（ICBM）試射成功
10 月	ソ連　世界初の人工衛星「スプートニク 1 号」打ち上げ成功
1958 年　　1 月	米国　米国初の人工衛星「エクスプローラー 1 号」打ち上げ成功
10 月	米国　国家航空宇宙局（NASA）設立
1961 年　　4 月	ソ連　世界初の有人宇宙飛行成功（ガガーリン・ショック）
5 月	米国　有人月面探査計画「アポロ計画」発表
1966 年　　2 月	ソ連　無人探査機「ルナ 9 号」世界初の月面軟着陸成功
1969 年　　7 月	米国　宇宙船「アポロ 11 号」世界初の有人月面着陸成功
1970 年　　2 月	日本　日本初の人工衛星「おおすみ」打ち上げ成功
4 月	中国　中国初の人工衛星「東方紅 1 号」打ち上げ成功
1972 年　　5 月	米国・ソ連 米ソ宇宙協力協定，弾道弾迎撃ミサイル制限協定（ABM 協定）締結
1975 年　　7 月	米国・ソ連　米ソ両国の有人宇宙船のドッキング成功
1981 年　　4 月	米国　世界初の再使用型宇宙船スペースシャトルの初飛行成功
1983 年　　3 月	米国　「戦略防衛構想（SDI）」（スター・ウォーズ計画）発表
1995 年　　7 月	米国　全地球測位システム（GPS）の完全運用開始
1998 年　11 月	米国・欧州・カナダ・日本・ロシア 国際宇宙ステーション（ISS）軌道上での組み立て開始
2007 年　　1 月	中国　人工衛星破壊（ASAT）実験の実施

サイバー空間

鶴見直人

> なぜサイバー空間が「戦場」となっているのか

　サイバー空間（cyberspace）とは，電磁記録媒体と情報通信技術（Information and Communication Technologies：ICTs）からなるネットワークによって創り出される仮想空間であり，その利便性から政治・経済・軍事など全方面で広く利用されている。先進国を中心に膨大な量の情報を処理するにはサイバー空間の活用は不可欠であり，いまやなくてはならないインフラとなっている。サイバー空間は，国境を超えて結びついていることから，『外交青書』ではグローバル・コモンズ（国際公共財）の一つに位置付けられたり，グローバル・ガバナンスの議論においてもサイバー空間への対策強化が唱えられたりしている（星野ほか 2014）。これらはサイバー空間をめぐって各国の権益争いが熾烈に展開されていることと表裏をなしている。サイバーセキュリティの重要性は急速に高まっており，その範囲はマルウェアやクラッキングによるサイバー攻撃（名和 2014）にとどまらず，実際の戦闘で使用される兵器に搭載されたICTsの脆弱性を狙うものにも及ぶ。サイバー空間は，いまや国家の繁栄と安全の鍵を握る財であり資源であると同時に，生存と優劣を競い合う「戦場」となっている。

研究動向

　サイバー空間は，仮想空間や電脳空間と訳されるが，これらの訳語では，現実の空間から切り離された印象が強く，これを成立させている基盤である物理的な存在としての通信インフラの存在が見落とされかねない。サイバー空間の代名詞ともいえるインターネット（the Internet）で考えるなら，求めるウェブサイトを閲覧するには，自分の情報端末（スマートフォンなど）から，目的の情報の保存されたサーバーまでが接続されなければならない。この点は最新の無人航空機（ドローン）を使用した軍事作戦でも同様であり，基地内のパイロット・ブースで向き合うのは，

遠く離れた攻撃目標の上空から送られてくる映像を中心とした情報となる。そして，どちらの場合も，中間部分に存在する，電波の基地局や海底ケーブル，あるいは通信衛星によって結びつけられる情報通信ネットワークなくしては成立しえないのである。つまり，サイバー空間を捉える際には，それを支える情報通信インフラの存在も想起し，これらの総体を「サイバー空間」として捉えるべきだろう（土屋 2015）。

　「戦場」と形容したサイバー空間ではあるが，その出自は米国国防総省における先端科学技術の軍事転用イニシアティヴへと遡るため，開発の時点から軍事と密接な関係にあった。国防総省に設置された高等研究計画局（Advanced Research Projects Agency：ARPA）が計画し，1969 年に運用を開始したコンピューター・ネットワークである ARPANET が，今日のインターネットの原型とされる。ただし，一般に普及するのは商用の接続事業者の登場を待たねばならず，それは冷戦の終結が宣言された 1989 年のことであった。このためサイバー空間は，冷戦後の非伝統的安全保障の新領域と位置付けられよう。

　軍事面でのサイバー空間の利用は，1990 年代の米軍による軍事革命（Revolution in Military Affairs：RMA）により進展した。RMA により，陸・海・空といった軍種を問わず，「ネットワーク中心の戦い」（network-centric warfare：NCW）へと転換するために，ICTs を活用した戦闘力の向上が図られた。こういった変化については，サイバー空間という言葉こそ使用していないが，ジョセフ・ナイとウィリアム・オーウェンスが，冷戦終結前後における安全保障の変化を「核の傘」から「情報の傘」への移行として捉えている（Nye & Owens 1996）。

　サイバー空間を研究する技術面での基礎知識として，人工衛星を利用した通信や報道の発展の経緯や海底ケーブルの歴史などについても，あわせて触れておくと良いだろう（南塚 2018）。また，テレジオグラフィー社（TeleGeography）のウェブサイトから海底ケーブルの地図を閲覧し，世界のつながり方を視覚的にも確認しておきたい[1]。ここで見られるような通信網により手軽に利用できるようになったインターネットは，民間企業により開発が進められてきたこともあり，かつては国家による管理も比較的緩やかであり，その分自由な雰囲気があったという。しかし，今日においてサイバー空間は決して中立的なものではなく，政府の強い影響力を受けるものとなっている（毛利 2015；ライアン 2016）。このような転換の契機は，2001 年のアメリカ同時多発テロであり，テロリストの動きを捕捉し，テロの兆候を予見

---

1) https://www.submarinecablemap.com（確認：2021 年 2 月 15 日）

するためにインターネットを含む通信情報へと目が向けられた。対テロ戦争（およびその後のサイバー犯罪の増加）に対処する中で，サイバー空間に対する監視が強化されてきたのである。この一端を，大量監視の実態という機密の暴露を通じて世界的に知らしめたのが，エドワード・スノーデンであった。

　スノーデンは，アメリカの国家安全保障局（National Security Agency：NSA）や中央情報局（Central Intelligence Agency：CIA）などの情報（インテリジェンス）機関に勤務し，サイバー空間を利用した諜報活動に携わっていた人物である。通信傍受による情報収集活動は，シギント（SIGINT：signal intelligence）と呼ばれ，情報がサイバー空間を経由する今日，極めて重要性の高いものとなっている（宮坂 2018）。スノーデンの持ち出した情報は，ジャーナリストに託され，2013 年6 月に英ガーディアン紙で発表された。それは，NSA が「プリズム（PRISM）」というコードネームで呼ばれる極秘の通信監視プログラムの存在に関する情報であり，フェイスブック，グーグル，ヤフーやスカイプといったインターネット関連会社から，私的な通信の記録を，当事者の同意を得ることなく収集するというものであった。NSA による大量監視活動は，本来の対象であったはずのテロリストの動向や，これを匿う「テロ支援国家」のみならず，同盟国や，さらには自国の市民に対しても向けられていたのである（グリーンウォルド 2014；ライアン 2019）。

　これに似た動きは，近年では新興国においてより顕著である。政府批判に敏感な非民主的ないし非自由主義的な国々は，はじめはサイバー空間の利用を規制し，その後は利用の活性化に応じて取り締まりの強化に乗り出し，そこから紐づく現実の世界の利用者の情報を把握し，街頭の監視カメラなども組み合わせて利用し，逮捕や迫害につなげてゆくといった事態が見られる。特にソーシャル・ネットワーキング・サービス（SNS）は，デモなどの呼びかけに利用されることから規制と監視の対象になりやすい。異議申し立ての声が表明しやすくなった反面，「アラブの春」（2011 年）などでは動員における SNS の役割が過大評価されているとの指摘がある（保坂 2014）ものの，サイバー空間を介した情報が，各国の政治情勢に与える影響については，今日では否定できないだろう。

　なお，アメリカは世界でも突出した技術的優位性から秘密裏に情報収集を行っていたわけだが，この点を踏まえて 2018 年末以降，中国の企業「ファーウェイ（華為／HUAWEI）」の部品調達を発端とする米中対立の激化を見ると，これが単なる貿易戦争ではないことは明らかだろう。表向きは，第 5 世代移動通信システム（5G）の技術をめぐる覇権争いとなっているが，後景にはサイバー空間が「戦場」となっ

ている様子が窺える。競合する大国間での正規軍同士の直接的な衝突が破滅的な結末をもたらすことが明らかな今日，両者の闘いは戦争とは別の手段で遂行されることとなる。その一端は情報（インテリジェンス）機関によって担われており，それゆえにサイバー空間が「戦場」となっているのである。

文献解題

土屋大洋『サイバーセキュリティと国際政治』千倉書房，2015 年。

2018 年 12 月に改定された『防衛計画の大綱』が注目されたのには二つの理由があった。一つは，前回の 2013 年から 5 年という比較的短いスパンで改定されたことによる。その理由は「安全保障環境の急変」とされるが，そこには軍事面での技術革新が強く影響した様子が窺える。この点とも関連するが，二つ目に，新たに重要な領域として「宇宙・サイバー・電磁波」が明記されたことが挙げられる。この変化は，旧来の軍種で対応していた領域の他にも，新たに宇宙空間とサイバー空間が作戦領域となりうることを意味しており，各国の攻防が繰り広げられている現代の「戦場」の最前線への対応が示されたといえよう。

この大綱をまとめる役割を果たしたのが首相官邸主催の「安全保障と防衛力に関する懇談会」（2018 年 8 月から 12 月に設置）であり，紹介する文献の著者である土屋もこの委員の一人である。本書では，非伝統的安全保障の一環として注目されるサイバーセキュリティにおいて，インテリジェンス機関が果たす役割がどのようなものなのかを検討することが目的とされている。

サイバーセキュリティは，ネットワークを介し相手側のコンピューターから情報を流出させる，あるいは情報を改竄する，といった攻撃（サイバー攻撃）への備え（防諜）である。この点で非軍事的な手段による安全保障として位置づけられる新しい分野である。対テロ戦争の時代における脅威を見つけ出すため，デジタル通信の傍受が不可欠となっているが，各国でサイバーセキュリティ対策の中心に位置するインテリジェンス機関がこれを担っているのである。

安全保障環境の急速な変化には，サイバー空間に関する技術の進歩のペースが早いことも関係しており，それは本書の刊行後の変化についても同様である。例えば，

サイバー攻撃を誰が行なったのかを確定する「アトリビューション問題」に関しては，刊行時よりも攻撃者を特定しやすくなっている，といった進展がみられる。とはいえ，サイバーセキュリティという最前線のトピックと，活躍の幅を広めつつあるインテリジェンスの次元を交差させながら国際政治を捉えた日本語文献としては最初に開くべき専門書が本書となるだろう。

引用・参考文献

グリーンウォルド, G.『暴露——スノーデンが私に託したファイル』田口俊樹・濱野大道・武藤陽生（訳），新潮社，2014 年。

土屋大洋『サイバーセキュリティと国際政治』千倉書房，2015 年。

名和利男「サイバー戦争の幻想と現実」『外交』24，2014 年，92-96.

防衛省『日本の防衛——防衛白書（令和 2 年版）』日経印刷株式会社，2020 年。

保坂修司『サイバー・イスラーム——越境する公共圏』山川出版社，2014 年。

星野俊也ほか『グローバル・コモンズ（サイバー空間，宇宙，北極海）における日米同盟の新しい課題』日本国際問題研究所，2014 年。

南塚信吾（編）『情報がつなぐ世界史』ミネルヴァ書房，2018 年。

宮坂直史「情報とパワー」防衛大学校安全保障学研究会（編）『安全保障学入門（新訂第 5 版）』亜紀書房，2018 年，pp. 119-125.

毛利嘉孝「ポストメディア時代における文化政治学へ向けて」石田英敬，吉見俊哉，フェザーストーン, M.（編）『メディア都市』（デジタル・スタディーズ 3）東京大学出版会，2015 年，pp. 335-352.

ライアン, D.『スノーデン・ショック——民主主義にひそむ監視の脅威』田島泰彦・大塚一美・新津久美子（訳），岩波書店，2016 年。

ライアン, D.『監視文化の誕生』田畑暁生（訳），青土社，2019 年。

Nye, J., & Owens, W., "America's Information Edge," *Foreign Affairs*, 75(3), 1996, 20-36.

参考資料

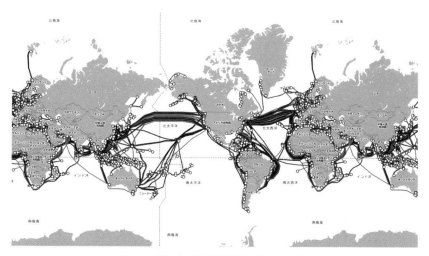

図 11-1　世界中に張り巡らされる海底ケーブル
（テレジオグラフィー社（TeleGeography）HP
〈https://www.submarinecablemap.com（確認：2021 年 2 月 15 日）〉）

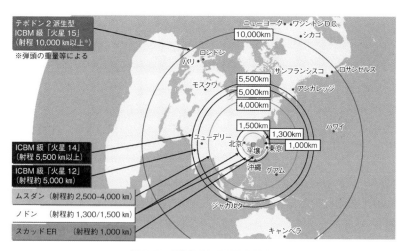

図 11-2　北朝鮮のミサイルの射程
（「北朝鮮の弾道ミサイルの射程」（防衛省 2020：96）を一部改変
〈https://www.mod.go.jp/j/publication/wp/wp2020/html/
n12301000.html#zuhyo01020303（確認：2021 年 2 月 28 日）〉）

Chapter 12 同　盟

今田奈帆美

> なぜ同盟は形成され，存続するのか

　同盟とは，「特定の状況における構成国以外の国に対する軍事力行使（または不行使）のための公式な連合」であり（Snyder 1997），国家が安全を確保するための手段の一つである。現在では日米同盟や北大西洋条約機構（NATO）がこれに当たる。両者とも冷戦期に形成された同盟であるが，国際関係が大きく変動した冷戦後，さらに 2000 年代以降も存続している。ではなぜ同盟は形成され，存続するのか。

研究動向

　国家が同盟を形成する理由は同盟を論じる上で最も中心的な問題であり，多様な議論が展開されてきた。古典的リアリストの代表であるハンス・モーゲンソーは，「同盟は，バランス・オブ・パワー…の中で作用する…必然的な機能である」と論じ（モーゲンソー 1998），ネオリアリストの先駆者であるケネス・ウォルツは，国家は力の均衡を図る観点から同盟を形成すると指摘した（Waltz 1979）。両者に共通するのは，国家は他国の「力（パワー）」の増大に対抗するために同盟を結んで協力すると主張したことである。

　これに異を唱えて修正を試みたのがスティーブン・ウォルトである。ウォルトは，相手のパワーに加えて地理的近接性と攻撃的意図の有無を考慮し，国家は「パワー」ではなく「脅威」に対抗して同盟を形成するとして，「脅威均衡論」を提唱した（Walt 1987）。ある国に対抗するための同盟が形成されるのは，その国がパワーに加えて攻撃的意図を持ち脅威となる場合であり，パワーが増大しても攻撃的意図を持たない場合には脅威とならないため同盟形成を引き起こさないと指摘したのである。

　これらの議論が勢力均衡論や脅威均衡論に基づいてバランシングのための同盟形成を論じたのに対し，国家の属性に着目してバンドワゴニングが生じやすいことを

指摘したのがランドル・シュウェラーである。シュウェラーは利益を求める国家の野心に注目し，国家が現状維持を志向するか現状変革を求めるかが同盟形成を左右すると論じた（Schweller 1998）。そのうえで，現状維持を利益とみなす国はすでに持つ地位や安全の維持のためにバランシングを選択するのに対し，現状に不満を持つ国は安全のためよりも利益を獲得するためにバンドワゴニングを行いやすいとして「利益均衡論」を提示した。それまでのリアリズムには現状維持バイアスがあるためにバンドワゴニングの生じやすさを過小評価してきたと批判したのである。

　上記の議論とは異なる観点から同盟形成の原因を論じたものとして，同盟相手を制約することを目的として挙げる議論がある。同盟は協力関係を築くことで安全を得ると同時に，その相手国によって自国の政策や行動が縛られ自律性を失う場合もある（Morrow 1991）。ポール・シュローダーが指摘するように，同盟は「安全保障のための武器であり，管理のための道具である」（Schroeder 1976）。そのため同盟は，同盟関係を結ぶ国が自国の利益に反する行動をとるのを抑制し，暴走を防ぐための手段ともなりうる。ただし，これは大国が弱者をコントロールすることのみを意味するわけではない。同盟内の弱い側もまた，自国が提供する資源や外交的支持をもとに，強い側に対して影響力を行使することが可能な場合がある（Pressman 2008；今田 2013）。また，潜在的な敵国と同盟関係を結ぶことで相手の行動を抑制しようとする場合がありうる（Weitsman 2003）。

　では，なぜ同盟は存続するのか。ネオリアリストが主張するように，同盟がパワーや脅威に対して形成されるとすれば，対抗すべきパワーや脅威が消失すれば同盟は目的を失い，解体されるのが論理的帰結となる。実際，冷戦終結後には同盟の解体が予想された（Mearsheimer 1990；Walt 1997, 1998–99））。しかし，同盟関係にある国家間では多くの場合，軍事的協力のための協議や調整が重ねられるだけでなく，政治的，経済的関係も緊密になる。そのためネオリベラリストやコンストラクティビストからは，同盟内で制度や規範，コミュニティ意識が形成されることが同盟の存続をもたらすという議論が提示された（Risse-Kappen 1995）。同盟の制度化が，安全保障環境が変化したのちも同盟関係の継続につながるのである。

文献解題

> 吉田真吾『日米同盟の制度化——発展と深化の歴史過程』名古屋大学出版会，
> 　2012 年。

　このような同盟の制度化を歴史的分析に基づいて検証し
た書籍として本書を取り上げたい。

　本書の目的は，1950 年代後半から 1970 年代後半という，
日米同盟の制度化において決定的な分岐点と位置付けられ
る期間を対象として，日米同盟が制度化された原因とその
過程を明らかにすることである。この目的のため，なぜこ
の時期に日米同盟の制度化が進んだのかという問いを立て，
制度化は日米両政府間に生じた相互不安に対処する手段で
あったという議論を提示する。ここでいう同盟の制度化と
は，同盟の公式性と同盟に基づく平時の軍事協力という二つの面からなる。

　日米同盟の制度化について考える際に重要な前提となるのが，日米関係の非対称
性である。日米間では戦後置かれた立場や国力だけでなく，同盟から得られる利益
も非対称である。日本は日米同盟によって米国から安全を提供されるが，一方で米
国が提供する安全の信頼性は国際情勢や米国の政策に応じて低下することがありう
る。そのため，米国が提供する安全に疑念が生じた場合，日本は日米同盟の制度化
を進めることによって信頼性の維持を図ろうとする。一方，米国は日本に軍事基地
を有することで中国とソ連を封じ込めるための行動の自由を確保してきた。しかし，
日本が防衛力の増強を通じた自立化や，より中ソ寄りの政策をとる中立化を進めれ
ば，アジアにおける米国の封じ込め政策に大きな負の影響を与える。そのため，日
米同盟の制度化は，日本の自立化と中立化への予防策としての意義を持つ。このよ
うに，日米間の非対称性が日米両国に相互不安を生じさせ，それを緩和する手段と
して日米同盟の制度化が行われるのである。ただし，日本国内の反軍主義は，制度
化の抑制要因として働く。軍事的行為への抵抗が強い日本社会が，日米同盟にも反
発するためである。この日米両政府の相互不安という促進要因と，反軍主義という
抑制要因の間でバランスをとる形で日米同盟は制度化されてきたのである。

　以上のような仮説を検証するため，本書では五つの章に分けて 1950 年代後半か
ら 1970 年代後半の国際環境の変化が日米同盟の制度化にどのように影響したのか

を歴史的に検証している。その結果，以下の点が明らかになったことを終章で述べている。第1に，1950年代後半から1970年代後半の時期に起きた国際環境の変化が，日本の政策当局者の間に，米国が日本に安全を提供する能力と意思がないのではないかという疑念をたびたび生じさせていたこと。第2に，米国の政策当局者は，日本が軍事大国化という形で自立化するのではないかという懸念を抱いていたこと。第3に，日米両政府はこのような相互不安を和らげるために，同盟の制度化を進めたこと。第4に，日本の反軍主義は，1960年の日米安全保障条約改定をめぐる騒動（安保闘争）の際にピークを迎え同盟の制度化を抑制したが，1970年代中頃からは影響力を減じ，防衛協力の面での制度化が進んだことである。すなわち，この時期に生じた日米同盟の制度化は，日本の反軍主義に配慮しつつ，日米相互に不安を軽減しようとした結果であったという。

　本書は，米国の公文書館や歴代の大統領図書館に所蔵されている公文書や私文書，日本の外交史料館や国立公文書館，情報公開請求によって開示された公文書，当事者の私文書，回想録などを用いたほか，日本側の文書の不足を補うために，公刊されているオーラル・ヒストリーや著者自身による政策当局者へのインタビューなどを活用し，丹念に外交史研究を積み重ねて問いを検討した優れた研究である。また，前提や仮説を考えるにあたっては，理論的研究も踏まえて検討を重ねている。理論的研究と歴史的研究は相互に影響しあうものである。ぜひ両方の研究を手に取ってほしい。

引用・参考文献

今田奈帆美『大国の不安と同盟国の影響力——ベルリン危機をめぐる米独関係』国際書院，2013
　　年。
モーゲンソー, H. J.『国際政治——権力と平和』現代平和研究会（訳），福村出版，1998年。
Mearsheimer, J. J., "Back to the Future: Instability in Europe after the Cold War," *International
　　Security*, 15(1), 1990, 5–56.
Morrow, J. D., "Alliances and Asymmetry: An Alternative to the Capability Aggregation Model
　　of Alliances," *American Journal of Political Science*, 35(4), 1991, 904–933.
Pressman, J., *Warring Friends: Alliance Restraint in International Politics*, New York: Cornell
　　University Press, 2008.
Risse-Kappen, T., *Cooperation among Democracies: The European Influence on U.S. Foreign
　　Policy*, Princeton, NJ: Princeton University Press, 1995.
Schroeder, P. W., "Alliances, 1815–1945: Weapons of Power and Tools of Management," in Kalus
　　Knorr, ed., *Historical Dimension of National Security Problems*, Lawrence, KS: Kansas
　　University Press, 1976, pp. 227–262.
Schweller, R. L., *Deadly Imbalances: Tripolarity and Hitler's Strategy of World Conquest*, New
　　York: Columbia University Press, 1998.
Snyder, G. H., *Alliance Politics*, Ithaca, NY: Cornell University Press, 1997.

Walt, S. M., *The Origins of Alliances*, Ithaca, NY: Cornell University Press, 1987.

Walt, S. M., "Why Alliances Endure or Collapse," *Survival*, 39(1), 1997, 156–179.

Walt, S. M., "The Ties That Fray: Why Europe and America Are Drifting Apart," *National Interest*, 54, 1998–99, 3–11.

Waltz, K. N., *Theory of International Politics*, New York: Mcgraw-Hill Publishing Company, 1979.

Weitsman, P. A., *Dangerous Alliances: Proponents of Peace, Weapons of War*, Stanford, CA: Stanford University Press, 2003.

参考資料

図 12-1　我が国周辺における主な兵力の状況（概数）

（防衛省 HP『令和元年版防衛白書』〈http://www.clearing.mod.go.jp/hakusho_data/2019/html/n11200000.html#zuhyo01010201（確認：2021 年 1 月 15 日）〉の図を一部改変）

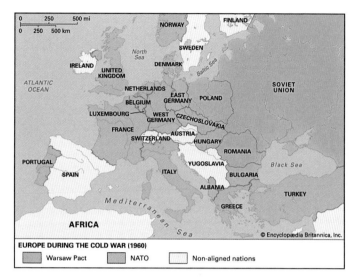

図 12-2　冷戦期の NATO とワルシャワ条約機構

("Warsaw Pact: Europe〔1955–1991〕," Britannica〈https://fas.org/issues/nuclear-weapons/status-world-
nuclear-forces/（確認：2021 年 1 月 15 日）〉)

図 12-3　NATO の拡大

（外務省欧州局政策課「北大西洋条約機構（NATO）について」令和 3 年 3 月
〈https://www.mofa.go.jp/mofaj/files/000066708.pdf（確認：2021 年 1 月 15 日）〉)

基　地

永田伸吾

> ### 海外基地はどのように展開されるのか

　第二次世界大戦以前，海外基地を植民地以外に設置することは原則戦時に限られた事象であった。しかし，冷戦期には米国やソ連は積極的に海外基地を展開した。そして，冷戦後も米国の海外基地システムは，米国主導の国際秩序を担保する安定的な戦略資産として存続している。さらに，2011 年に日本が初の恒久的自衛隊海外拠点を，2017 年に中国が初の海外基地をそれぞれジブチに設置するなど，現代の国際安全保障において，平時の海外基地の展開は常態化しつつある。それでは，どのようなメカニズムが海外基地の展開を可能にするのであろうか。

研究動向

　一義的には，海外基地の展開は使用国の戦略に規定される。また，多くの場合，使用国と接受国は同盟関係にある。とくに，同盟のクレディビリティー（信頼性）の観点から，接受国にとって基地の存在は，使用国の拡大抑止を担保する戦略資産としての側面がある。そのようなことから，従来，基地については戦略論や同盟研究など伝統的安全保障研究の一部として研究されてきた（川名 2019b）。

　とりわけ，米国は第二次世界大戦後，グローバルな海外基地システムを安定的に展開していることから，基地研究も米国の戦略に注目する傾向にあった。ところが，2001 年の 9.11 テロ以降の米国海外基地システムのさらなる拡大は，しばしば接受国側からの基地撤去や援助増額の要求を招くことになった。そのため，基地研究も，それまで重視されなかった接受国の国内政治状況も考慮する必要に迫られた（川名 2019b）。そして，2000 年代後期に入ると，ケント・カルダーやアレキサンダー・クーリーによって，米国の海外基地システムの展開を事例に，接受国の下位主体（地方自治体など）や政治体制も視野に入れた使用国と接受国の基地運用をめぐる相互作用を，「基地政治（base politics）」として捉える新たな学問領域（基地の政治学）

が開拓された（カルダー 2008；Cooley 2008；川名 2019b）。

　とくにクーリーは，接受国の政治体制に注目した「基地政治の理論（base politics theory：BPT）を提示することで，接受国の政治体制が「成熟した民主主義」であることが，使用国と接受国との基地契約が安定する条件であることを導くなど，仮説の実証面で「基地の政治学」の体系化に貢献した（Cooley 2008；川名 2019b）。

　他方で，カルダーは，戦後の米国の海外基地システム拡大の契機を，冷戦期米国の軍事的対ソ封じ込め政策を規定した国家安全保障会議報告書第 68 号（NSC-68）の策定（1950 年 4 月）や朝鮮戦争（1950 年 6 月～ 1953 年 7 月）など，重大な歴史的局面に求めている（カルダー 2008）。しかし，この見方は，後述する第二次大戦中から検討された米国の海外基地システム拡大計画との連続性や，戦後の接受国との基地交渉を捨象することになりかねない。また，現代の国際安全保障において，米国以外の使用国による平時の海外基地展開は常態化しているが，このような現象の解明には，より一般化に適した分析枠組みが必要になろう。

文献解題

> 川名晋史『基地の政治学──戦後米国の海外基地拡大政策の起源』白桃書房，
> 2012 年。

　上述のように，第二次世界大戦後，米国は平時におけるグローバルな海外基地システムを展開し安定的に維持している。それでは，どのようなメカニズムが，この現象を可能にしているのだろうか。それには，戦中から戦後間もない時期に，米国がなぜ，どのようにして海外基地システムを拡大したのかを解明する必要がある。

　本書は，このような問題の所在から，米国の戦後の「基地計画の立案」と「基地計画の実行」を事例に，三つの理論仮説の妥当性を検証することで，海外基地システムの展開が可能となる要因を説明する。また，本書は「基地の政治学」の観点から，使用国と接受国との基地交渉に注目する。とくに接受国にとって基地の受け入れは，使用国と脅威認識を共有している場合でも，「巻き込まれる恐怖」に加え主権や自立性という政治的問題を惹起する。本書は，これを「基地のディレンマ」と概念化することで，米国が基地交渉において，接受国側の「基地のディレンマ」を解消する仕

組みをどのように導入したのかについても明らかにする。

　まず，第 1 章では，「米国の戦略」「接受国の脅威の共有性と『基地のディレン
マ』」「米国と接受国の交渉の結果とその利益配分を示す基地契約」という本書の三
つの分析視角と，それに基づく三つの理論的仮説（戦略仮説，同盟政治仮説，契約
仮説）を提示する。それらを簡潔に説明すると，まず「戦略仮説」では，使用国で
ある米国の戦略（脅威認識と資源的制約）が基地計画の拡大縮小に影響を与えると
する。次に「同盟政治仮説」では，米国と接受国が脅威認識を共有しているにもか
かわらず，「基地のディレンマ」を強く認識する場合には基地の受け入れは拒否され
るとする。そして「契約仮説」では，米国と接受国が脅威認識を共有しない場合だ
けではなく，接受国にとって自立性の低下や「巻き込まれ」の懸念がある場合でも，
米国が経済援助や軍事援助など包括的基地契約に基づく十分な「見返り（quid pro
quo）」を提供することで，基地は展開される可能性があるとする。

　第 I 部「戦後基地計画」では，基地計画の規定要因である米国の戦略に注目する
ことで，戦略仮説の妥当性を検証する。ここでは，1942 年から 1949 年にかけて統
合参謀本部（JCS）で検討された四つの基地計画（JCS570/2，JSC570/40，JCS570/83，
JCS570/120）の分析をとおし，当時の米国の基地計画の拡大や縮小が，戦略仮説だ
けでは説明できないことを明らかにする。また，対ソ戦略上，海外基地の獲得が急
がれたことから，「基地のディレンマ」に悩む接受国との交渉を進める手段として
「見返り」原則が導入された経緯を明らかにする。

　第 II 部「基地計画の実行」では，英国，デンマーク，スペインとの基地交渉の分
析をとおし，同盟政治仮説と契約仮説の妥当性を検証する。第 I 部との対応でいえ
ば，英国は「見返り原則」導入以前の事例であるのに対し，デンマークとスペイン
は「見返り原則」導入後の実際の適用事例となる。

　英国の事例では，同盟政治仮説における共通脅威要因の妥当性が証明される。英
国は「基地のディレンマ」に直面するものの，米国との脅威認識の共有がそれを凌
駕することで，米軍の駐留固定化を受け入れたのである。

　デンマークの事例では，契約仮説と同盟政治仮説の妥当性が同時に証明される。
米国は，対ソ戦略上，デンマーク本土とグリーンランドへの基地展開が不可欠と認
識していた。そして，グリーンランドでは軍事援助を「見返り」に基地を設置した
が，デンマーク本土では「基地のディレンマ」から基地の受け入れは拒否されたの
である。

　スペインの事例では，契約仮説の妥当性が証明される。スペインは米国と脅威認

識を共有していなかったが，国際的に孤立していたフランコ独裁政権は米軍基地を受け入れることで，米国から経済・軍事援助に加え国連加盟の支持を得るなど，「基地のディレンマ」を上回る「見返り」を得たのである。

　そして，これらの分析を踏まえ，本書は終章で，1）脅威に基づいた米国の戦略，2）接受国の脅威に対する受容性（基地のディレンマの解決），3）米国の戦略と接受国からの制約を調整する（包括）契約，という三つの要素を米国の海外基地システムが形成・維持される条件として導き出す。

　本書は，海外基地の存在が使用国の戦略を規定する状況など，伝統的安全保障研究理論では十分に説明できない現象の解明を目的としている。その一方で，本書は，使用国（米国）の戦略を海外基地システムの一義的な規定要因と位置付けている。また，本書の重要概念である「基地のディレンマ」は，「見捨てられる恐怖」や「巻き込まれる恐怖」という，同盟研究における「同盟のディレンマ」を援用したものである（Snyder 1984）。このように，本書の論述からは，基地研究においても，やはり伝統的安全保障研究理論の理解が前提にあることが窺える。

　本書は，国家を合理的行為者と設定する一方で，事例分析に際し，米国政府の未公刊資料に大きく依拠していることから，海外基地システム拡大をめぐる米国政府の政府内政治も明らかにしている。このような本書の研究方法は，基地研究においても，歴史研究同様にアーカイブ利用を含む一次資料の利用法に習熟する必要があることを示唆している。その意味で，本書には理論研究と歴史研究の架橋的研究としての側面もあるといえよう。

　基地研究は新たな学問領域であり，本書は，日本における基地研究のパイオニア的研究に位置付けられる。そして，著者はこの領域のフロントランナーであり，民主国家の地方政治主体が使用国の基地展開の安定性に与える影響の分析に加え，沖縄返還前後の本土在日米軍基地再編をめぐる米国の政策過程についての実証研究などをとおし，「基地の政治学」の地平を拡げている（川名 2019a, 2020）。

引用・参考文献

カルダー, K. E.『米軍再編の政治学——駐留米軍と海外基地の行方』武井楊一（訳）, 日本経済新聞出版社, 2008 年。

川名晋史「米軍基地をめぐる国内政治メカニズム——脆弱性とホールドアップ問題」川名晋史（編著）『共振する国際政治学と地域研究——基地, 紛争, 秩序』勁草書房, 2019 年a, pp. 19-35.

川名晋史「基地研究は何を問うのか」『国際安全保障』47(3), 2019 年b, 1-16.

川名晋史『基地の消長 1968-1973——日本本土の米軍基地「撤退」政策』勁草書房, 2020 年。

防衛省『平成 28 年度防衛白書』日経印刷, 2016 年。

防衛省『令和 2 年度防衛白書』日経印刷, 2020 年。

Cooley A., *Base Politics: Democratic Change and the U.S. Military Overseas*, Ithaca, NY and London: Cornell University Press, 2008.

Snyder, G., "The Security Dilemma in Alliance Politics," *World Politics*, 36(4), 1984, 461-495.

参考資料

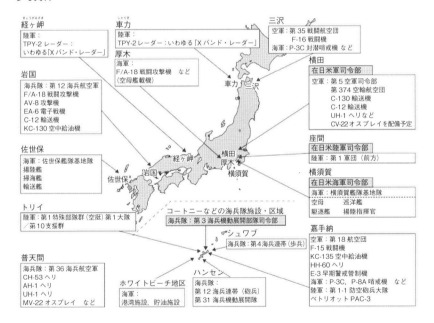

図 13-1　在日米軍の配置図

（「図表 II -4-4-2：在日米軍の配置図」（防衛省 2016：254）を一部改変）

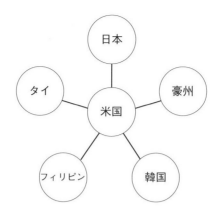

図 13-2　アジア太平洋におけるハブ・スポークス・システム（著者作成）

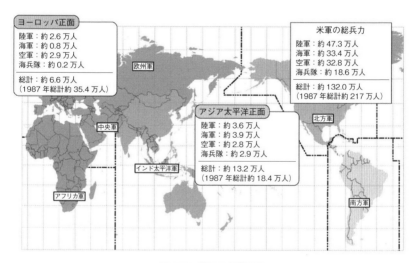

図 13-3　米軍の配備状況
（「図表 I-2-1-3：米軍の配備状況」（防衛省 2020：55）を一部改変）

注1）資料は，米国防衛省公刊資料（2019（令和元）年 12 月 31 日）などによる。
注2）アジア太平洋正面の配備兵力数には，ハワイ・グアムへの配備兵力を含む。

核戦略と軍縮・軍備管理

今田奈帆美

軍備管理はなぜ必要なのか

　冷戦が終わって 30 年を経た現在でも，世界には 13000 発以上の核兵器が存在すると見積もられており，現在では 9 カ国が核を保有している。なかでも米ロはそれぞれ 6000 発以上の核弾頭を保有しており，核軍縮（disarmament）は遅々として進んでいない。とはいえ，軍備管理（arms control）が不要であるということにはならない。冷戦期以来，軍備管理は核保有国間の安定に寄与してきており，この点は現在も変わりはない。

研究動向

　抑止とは，広義には相手が望ましくない行動をしないよう思いとどまらせることをいう。安全保障においては，攻撃をした場合に見込まれるコストが利得を上回る，または攻撃が成功しないと思わせることによって，攻撃そのものを思いとどまらせることを意味する（Snyder 1961）。抑止自体は必ずしも核兵器を想定したものではない。しかし核兵器の誕生以降，核による報復がもたらす耐え難い破壊が冷戦期を通じて米ソ間で抑止力として働いたことから「核抑止」という言葉が生まれたように，核兵器と結びつけて考えられることが多い。

　核兵器は 1945 年に米国が核実験に成功し誕生した。この核兵器の登場が持つ軍事的な意義について，バーナード・ブロディはそれまで「軍事力の主な目的は戦争に勝つことであったが…これからは回避することでなくてはならない」と述べ，核兵器を「絶対兵器」と位置付けた（Brodie 1946）。核兵器がもたらす破壊の規模や相互性が核戦争を非合理的なものにした。「核革命」と呼ばれる所以である（Jervis 1989）。

　1949 年にソ連が核実験に成功すると，米国は自国に対する攻撃を抑止する（基本抑止）と同時に，同盟国に対する侵攻を抑止する（拡大抑止）必要に迫られた。こ

れは特に通常戦力において東側が優位にあった欧州で，核使用の脅しの信憑性が揺らいだためであった。その結果，核戦略の策定を迫られた米国が示した最初の核戦略が大量報復（Massive Retaliation）戦略であった。これは西欧諸国をはじめとする米国の同盟国に対するソ連の攻撃に対しても，ソ連本土に対する大規模な核攻撃を以って応じる意思をあらかじめ示しておくことでソ連を抑止しようとするものであった（Freedman 1983；梅本 1996）。しかし 1950 年代後半，ソ連の核戦力が増強されると米国本土の脆弱性が高まり，大量報復の威嚇の信憑性が低下して「限定戦争論」が論じられるようになった（Kissinger 1957）。その結果，1960 年代には柔軟反応（Flexible Response）戦略が形成された。ここでは東側の攻撃のレベルに応じた段階的対応をすることが想定され，通常戦力から戦術核兵器，さらに戦略核兵器によるソ連本土への攻撃まで，相手が用いる攻撃手段に応じて段階的に軍事行動のレベルを上げていくものであった。

　核戦略が 1950 年代から議論されたのに対し，核軍縮・核軍備管理が本格的に議論されるようになったのは 1960 年代からである。その契機となったのが米ソの核軍拡によって出現した「恐怖の均衡」であった（Sheehan 1988）。米ソ間では戦略攻撃兵器の保有数で概ねパリティが成立し，相互確証破壊（Mutual Assured Destruction：MAD）と呼ばれる状況に至った。米ソ両国が互いに相手に耐え難い損害を与えうる能力を構築したことで，核戦争の回避が重要な課題と見なされるようになったのである。そのためには対立する両国間の協調が必要であるという認識が軍備管理の出発点である（Schelling & Halperin 1961；Bull 1961；Brennan 1961；小川 1996；梅本 1996）。

　そのため軍備管理の目的は，第一に戦争が生起する可能性の低減，第二に戦争が生起した場合の損害限定，第三に軍事費の低減の三点にある（Schelling & Halperin 1961；小川 1996）。ただし冷戦期の米ソ関係において最も重視されたのは第一の戦争の防止であった。核保有国間の戦争の防止に必要なのは，戦略的安定の維持である。そのためには，たとえ相手から先制核攻撃を受けたとしても相手に耐え難い報復を行える能力を備えるとともに，そのような戦力体系を維持することが必要になる。具体的には，戦略核戦力の中でも非脆弱性の高い潜水艦発射弾道ミサイル（SLBM）の比率を高めたり，地上発射型の大陸間弾道ミサイル（ICBM）の移動性を確保したりする。これらを通じ，相互抑止体制の安定化を図り，たとえ対立が激化しても先制攻撃の誘因が生じにくい状況を作りだすのである。そのため軍備管理においては戦略的安定に資する限り，一定の戦力増強を認める場合もある。

　このような観点から，1960年代末のデタント期以降，米ソ（ロ）間で戦略的安定を維持するため，戦略核兵器の軍備管理交渉が行われた（小川1996；岩田1996）。1972年には戦略兵器制限暫定協定（SALT-I協定）が調印され，ICBM，SLBM数などの凍結が定められた。続くSALT-IIでは戦略攻撃兵器の運搬手段の配備数の上限を2400基機とすることなどが合意されたが（1979年），協定は発効しなかった。交渉は1985年に戦略兵器削減交渉と改めて再開され，1991年に第一次戦略兵器削減条約（START-I）が署名された。ここでは戦略兵器の運搬手段の配備総数を1600基機に削減すること，配備弾頭数を6000発に削減することなどが定められた。交渉が継続され，核弾頭数をさらに3000〜3500発に削減することなどを定めたSTART-IIが署名されたが，発効せず，START-III交渉は進展しなかった。その後，戦略核弾頭数を1700〜2200発に削減することに合意した戦略攻撃戦力削減条約（モスクワ条約）が締結されたのち，2010年に米ロは新STARTに調印し，2011年に発効した。ここでは2018年までに米ロは戦略核弾頭の配備総数を1550発に，運搬手段の総数を800基機に削減することが義務付けられている。この条約は2021年2月に期限を迎えた。しかし，中国の交渉参加を主張する米国と中国に参加を促す意思のないロシア，米中対立が高まる中で核弾頭数で圧倒的に劣るために軍備管理交渉に応じるわけにはいかない中国という構図の中，新たな軍備管理条約締結に向けた両国間の協議は難航した。米ロ間の核軍備条約がなくなる直前の2021年2月，米ロは新STARTの5年延長に合意し，当面の間，この体制が維持されることとなった。

文献解題

> 岩田修一郎『21世紀の軍備管理論』芙蓉書房出版，2016年。

　本書は第一部で「軍備管理総論」として軍備管理の歴史と概念，国際政治との関連，軍備管理のプロセスや仕組み，科学技術との関係を論じた後，第二部で各論として核，化学，生物兵器に加え，弾道ミサイル，通常戦力，宇宙の軍備管理を論じている。そのうえで「おわりに」で軍備管理とは何かを改めて論じるとともに，書名でも示されている通り，21世紀の軍備管理において何が必要かを論じている。入門書ではあるものの軍備管理の歴史・概念，核兵器の軍

備管理状況を網羅している。

　軍備管理の歴史は浅く，この言葉が用いられるようになったのは冷戦期に米ソが核戦力の相互規制を目指す必要に迫られた際であった。それ以前に用いられていたのは軍縮という言葉であり，そのルーツは戦争のルールにある。近代国際社会においては 1868 年に弾丸の使用が禁止されたのが初めである（サンクトペテルブルク宣言）。しかし米ソの核軍拡競争の中で軍縮の実現が非現実的であることが明らかになり，軍備管理が取って代わることとなった。

　軍備管理は「軍備を規制，制限，凍結，削減するなどコントロール（管理）することによって無制限な軍拡競争を抑制し，国際社会の安定を維持するために取られる措置。軍備削減を第一義とする軍縮と区別される」と定義され，軍備の削減を主眼とする軍縮とは区別される。また，軍備管理は軍備の規制自体を目的とするものではなく，安全保障という目的のための手段である。よって，軍備管理と軍事戦略はそのための両輪である。言い換えれば，軍備管理の目的は戦争の管理，軍拡競争の抑制，戦争が生起した際の破壊規模の限定である。そのため冷戦期の米ソ間の軍備管理においては，その目的は両国間の戦略バランスと戦略的安定の維持であった。その意味で，軍備管理とは国家間関係の安定を維持するために必要な手段であるといえよう。

　このような認識のもと，著者は今日の軍備管理問題に対処するうえで何が必要かを最後に論じている。現代では軍備管理は各国の安全保障政策の一つとなっている。ただし，軍備管理は国家間の調整と妥協の結果，合意されるものであり，政治的なものである。そのため合意が守られる保証はなく，軍備管理だけでは脅威を封じ込めることはできない。軍事力の行使や経済制裁など他の安全保障政策と合わせて実施する必要がある。さらに，今日存在する軍備管理の枠組の多くは冷戦期に合意されたものである。それに対し，冷戦後においては大量破壊兵器や弾道ミサイルの拡散，テロの脅威など，軍備管理の課題が多様になったことに留意する必要がある。その結果，冷戦期と比べて，軍備管理には多様なアクターの関与が必要になっている。軍備管理の利害関係者（ステークホルダー）の範囲は拡大しており，中央政府だけでなく地方自治体や警察，消防，企業などの幅広い協力と連携が求められるようになっている。

　著者が最後に述べたように，軍備管理は国際社会のルールとなって一定の秩序をもたらすが，国際情勢の変化によっては，既存の軍備管理が時代遅れになることもある。新たな問題に対応するためには，問題の原因や特徴を把握し，効果的かつ実

現可能な軍備管理の方策を実施するほかないのである。

引用・参考文献

岩田修一郎『核戦略と核軍備管理──日本の非核政策の課題』日本国際問題研究所，1996年。
梅本哲也『核兵器と国際政治──1945-1995』日本国際問題研究所，1996年。
小川伸一『「核」軍備管理・軍縮のゆくえ』芦書房，1996年。
Brennan, D. G., ed., *Arms Control, Disarmament, and National Security*, New York: George Braziller, 1961.
Brodie, B., ed., *The Absolute Weapon: Atomic Power and World Order*, New York: Harcourt, Brace and Company, 1946.
Bull, H., *The Control of the Arms Race: Disarmament and Arms Control in the Missile Age*, New York: Praeger, 1961.
Freedman, L., *The Evolution of Nuclear Strategy*, New York: Palgrave Macmillan, 1983.
Jervis, R., *The Meaning of the Nuclear Revolution: Statecraft and the Prospect of Armageddon*, Ithaca, NY: Cornell University Press, 1989.
Kissinger, H., *Nuclear Weapons and Foreign Policy*, New York: Harper, 1957.
Schelling, T. C., Halperin, M. H., *Strategy and Arms Control*, New York: The Twentieth Century Fund, 1961.
Sheehan, M., *Arms Control: Theory and Practice*, New York: Blackwell Publishers, 1988.
Snyder, G. H., *Deterrence and Defense*, Princeton, NJ: Princeton University Press, 1961.

参考資料

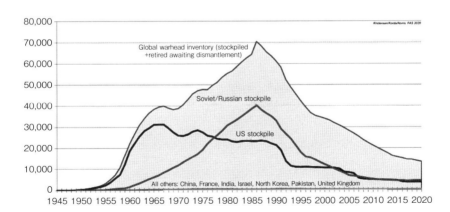

図14-1　核弾頭数の推移（1945 〜 2020）

（Kristensen, H. M., Korda, M., & Norris, R., "Status of World Nuclear Forces," Federation of American Scientists.（一部改変）〈https://fas.org/issues/nuclear-weapons/status-world-nuclear-forces/（確認：2021年2月8日）〉）

表 14-1　キューバ・ミサイル危機（著者作成）

1962 年　10 月 14 日	U-2 偵察機による偵察飛行。
15 日	写真解析の結果，アメリカ本土を射程内とするソ連製 SS-4 準中距離弾道ミサイル（MRBM）を発見。
16 日	ケネディ大統領，国家安全保障会議執行委員会（エクスコム：Ex-Comm）を招集。
17 日	SS-5 中距離弾道ミサイル（IRBM）3 か所を発見。
18 日	ケネディ，グロムイコ・ソ連外相と会談。グロムイコはキューバへのソ連製兵器の配備を否定。
19 日	エクスコム，臨検をケネディに提案。
21 日	ケネディ，海上封鎖決定。
22 日	ケネディ大統領，テレビ演説，海上封鎖措置を発表。アメリカ軍全部隊の警戒態勢を DEFCON（Defense Condition: デフコン）3 に引き上げ。
23 日	国連安保理特別会合，スティーブンソン米国連大使はソ連のミサイル配備を非難。ソ連のゾーリン国連大使はキューバへのミサイル配備を否定。
24 日	フルシチョフ書簡，海上封鎖を非難し「封鎖を無視する」。
25 日	フルシチョフ，アメリカが今後キューバへの侵攻を行わない確約をする代わりにミサイル基地の撤去を申し出ることを党中央委員会幹部会に提案。 緊急国連安全保障理事会で，スティーブンソン国連大使，ソ連によるキューバへのミサイル設置を公開。
26 日	米，封鎖線でソ連がチャーターした貨物船を停船させて乗船して臨検。 エクスコム会議にミサイル基地建設がまだ進んでいるとする CIA からの報告。 フルシチョフの書簡，キューバへ侵攻しない確約と引き換えにミサイル撤去を提案。
27 日 （「暗黒の土曜日」）	フルシチョフの書簡，モスクワ放送で公表。トルコにあるミサイルの撤去を交換条件として要求。キューバ上空を偵察飛行していた米軍機 U-2 の撃墜。アラスカを飛行中の U-2 がミスによりソ連領空に深く侵入。アメリカ海軍は海上封鎖線上で警告を無視してキューバ海域に向かうソ連海軍のフォックストロット型潜水艦 B-59 に対し，爆雷を海中に投下。ケネディの書簡，27 日のフルシチョフの書簡を無視し 26 日の書簡に返答（キューバのミサイル基地建設中止と攻撃型ミサイルの撤去と引き換えにキューバを今後攻撃しないことを受け入れる）。
28 日	フルシチョフ，モスクワ放送でミサイル撤去の決定を発表。
11 月 21 日	ソ連が核ミサイルをキューバから撤去，アメリカが封鎖解除。
1963 年　4 月	トルコにある NATO ジュピター・ミサイル撤去完了。

戦争の無人化

長谷川 晋

なぜ最先端の軍事技術が戦争倫理を脅かすのか

「ロボット」とは，周囲の状況を察知する「センサー」，どう反応するかを決める
「プロセッサー（人工知能）」，そしてその決定を反映して環境に反応し周囲の世界に
変化を生じさせる「エフェクター」という三つの構成要素から成る人工装置を指す
（シンガー 2010）。人間のように考え振る舞うロボットは，従来は SF 映画やアニメの
世界での架空の存在に過ぎなかった。しかしながら，近年その存在が少なくとも技
術的には現実になりつつある。そのような人間に近づいたロボットが兵器として戦
場に現れた時，どのような新たな倫理上の問題（あるいは既存の問題の深刻化）が生
じるのであろうか。兵士であれ一般市民であれ，戦場から生身の人間がますます排
除されていった先に，どのような形態の戦争や軍隊が想定されているのだろうか。

研究動向

　近年の最新技術，とりわけ人工知能（以下 AI）の発展が戦争倫理を脅かす恐れが
あるのは，既存の戦時国際法の枠組みを無効化しかねないからである。例えば，既
存の国際法では戦闘員と非戦闘員が明確に区別されている。武力行使を認められ
ている戦闘員には重い責任が課せられており，非戦闘員を攻撃対象とすることは
国際法で禁じられている。その戦場に自律的な戦闘ロボット（Lethal Autonomous
Weapons Systems：自律型致死性兵器システム，以下 LAWS）が入ってきた場合，こ
の区別は無意味になる。もし「戦闘員ロボット」が非戦闘員を誤って殺傷した場合の
責任はどのようにとることができるのであろうか。AI を搭載したロボットをどこま
で責任主体として認められるかについては，倫理学でも様々な立場がある（久木田ほ
か 2017）。しかし，既存の国際法における戦争犯罪の規定はこうした状況を想定して
いない。実際に外部の介入なしに感情さえも持つことができ，自律的に判断・行為
を行う LAWS が将来において戦場に現れた時，責任の所在はよりいっそう曖昧なも

のとなることは確実であろう。米軍が監視・偵察のみならず攻撃作戦でもすでに活用している "無人" 航空機（いわゆる軍事ドローン）は，無人とはいえ遠隔操作で攻撃対象の選定と攻撃の決定を行っているのは人間である。その攻撃型ドローンでさえ誤爆や巻き添え被害に対する責任の所在の判断を難しくしている現状から考えれば，LAWS の場合は「ユーザーとして特定できる人間がいない」（久木田ほか 2017）ため，責任の所在を決めることは実質的に不可能である。

　戦争の無人化が戦争倫理を脅かすもう一つの要因として，敵との物理的・心理的距離が遠くなればなるほど，武力行使の決断に至るハードルが低くなっていく可能性が高いことがある。人を殺すという仕事を機械に任せることで，それに対する心理的抵抗を極限まで減少させることができてしまう（久木田ほか 2017）。敵がテロ組織などの犯罪集団であれば，そのハードルはさらに低くなるだろう（スケイヒル 2014；ウィッテル 2015）。

　LAWS について豊富な事例を紹介しているのはシンガーの本である（シンガー 2010）。技術の詳細な解説のみならず，そこに至るまでの経緯や開発者たちの情熱，変化がもたらす意味など興味深く論じられている。研究書でありながらポップな語り口で書かれており，導入としては手頃な書だ。他方で，LAWS がもたらし得るリスクの面により焦点を当てたものとしては，シャーレ（2019）やバラット（2015）の研究が読みやすい。

　LAWS の規制については現在国連で議論が続いているが，まだ存在していない兵器を規制するという難しい問題であるため，参加国間でまだ合意には至っていない（川口 2016）。対人地雷などを規制している特定通常兵器使用禁止制限条約（CCW）の下で LAWS を規制する指針がすでに採択されているが，LAWS の開発で主導権を握っている米国，中国，ロシア，イスラエルなどの国々が法的拘束力のある規制に消極的であることも大きな課題である[1]。軍事的メリットとリスクのバランスをどう取ることができるのか，今後も関係諸国の間で引き続き議論が続けられていく。

文献解題

道下徳成（編著）『「技術」が変える戦争と平和』芙蓉書房出版，2018 年。

　本書では，最新の技術が戦争に及ぼしている影響について，大きく 5 部に分けて論じられている。第 1 部では「戦略領域」への影響として，宇宙，サイバー空間，脳・神経を取り上げている。第 2 部では「軍事環境」への影響として，軍隊内の伝

統的な人間関係や価値観，軍人としてのアイデンティティ
など軍の文化における変化，ロシア・インド・韓国におけ
る安全保障観の変化を取り上げている。第3部では「戦争
形態」への影響として，ドローン，3Dプリンタ，AIがも
たらしている画期的な変化について論じている。第4部で
は「国際紛争」への影響として，マッハ5以上の速度で投
射できる極超音速兵器が核抑止の安定性にもたらす（悪）
影響や，通信技術の発達（特にソーシャルメディア）がテ
ロにもたらしている変化など，システムレベルで国際秩序

を揺るがしている技術に焦点が当てられている。他方，技術革新の一方で，原始的
な戦術を採用する武装勢力への対抗手段として注目を集めているローテク（軍用犬
の活用）も紹介されている。第5部では，技術が変えた戦争の特徴（破壊力，速度，
空間）と，依然として継続している（技術革新によっても変化しなかった）軍の特
質（作戦構想，ドクトリン）を対比させる形で論じている。

　本章の「戦争の無人化」との関連では，齊藤孝祐「ドローン技術の発展・普及と
米国の対外武力行使：その反作用と対応」，部谷直亮「3Dプリンタが変える戦争」，
佐藤丙午「AIとロボティックスが変える戦争」の各章が非常に刺激的な内容になっ
ている。

　ドローンの軍事利用は，2001年のアフガニスタン戦争以降，大きく拡大した。諜
報，監視，偵察のみならず攻撃作戦においても活用されるようになった。生身の
人間では避けられないいわゆる三つのD（退屈 = Dull，不衛生 = Dirty，危険 =
Dangerous）をドローンの活用によって回避できるという，有人機に対する相対的
優位性に加え，民間でドローンの市場が急速に拡大して低コスト化が進んでいたこ
とも後押し要因となったことが齊藤論文で指摘されている。

　3Dプリンタとは，パソコン上で作成したデジタルデータから立体物を様々な素
材（プラスチック，食品，ガラス，アルミ，金属）を使って作ることのできる工作機
械のことである。例えば，戦場で急きょ兵器の部品が故障や事故などによって必要
になった場合，本国から輸送せずとも3Dプリンタによって現地で調達することが
可能になる。これまで人間が担っていた輸送の必要性がなくなり，コストの低下も

1)「"AI兵器"規制で初の指針　問われる実効性」『NHK時論公論』2019年9月4日
〈http://www.nhk.or.jp/kaisetsu-blog/100/411905.html（確認：2020年4月6日）〉

可能になる。また，旧式化してすでに製造されていない航空機や艦艇などの部品も，必要時に 3D プリンタで作ることができる。また，戦場で小型ドローンを製造することもできる。将来的には戦時の拠点や全ての艦艇に 3D プリンタを配備し，常時必要な部品や装備品を提供できるようにすることが目指されているという。3D プリンタの軍事利用の意義と可能性について，部谷は，維持・整備によって巨額の利益を得てきた従来型の防衛産業を消滅させかねないほどの影響を持ち，軍需物資においても市場開放が起こるだろうと述べている。また，戦場での長い補給路はもはや必要ではなくなり，省力化（人員削減）が進む可能性が高いことが述べられている。最後に，この 3D プリンタの普及により，これまで外交政策の要であった経済制裁が無意味化しかねない点も指摘されている。輸入しなくても現地で必要な装備品を調達できるのであれば，経済制裁による圧力は弱まる可能性が高いからである。

　AI が搭載され，人間の指示がなくても自分で判断して攻撃対象を選択するなどの行為ができる LAWS については，現在国際社会でその倫理的な問題をめぐって激しい議論が巻き起こっている。国連人権理事会では，ロボット技術の軍事利用が非人道的な結果をもたらす恐れから，どのような規制が可能かが議論されている。議論の焦点の一つは，LAWS の自律性について，どのレベルまで人間の介在を確保すべきか，である。人間が攻撃命令系統に常在（human *in* the loop），必要であれば介在する機能を確保（human *on* the loop），司令官の判断なしに機械が決定（human *out of* the loop）の三つの状態のうち，最後の状態が望ましくないという点では合意があるものの，それはいわば最小限の合意であり，議論のスタート地点に立ったに過ぎない[2]。他の二つの状態でも，国際人道法に基づく責任の所在の曖昧さや，LAWS が自律的に情報を収集し判断を行う「機械学習（machine learning）」の予測不能性（ロボットが学習した結果どのような判断・行動にたどり着くのか予測できない）という問題が解決されたわけではない。佐藤は，現在の AI は「ターミネーター」のレベルには達していないが，少なくとも兵士の負荷を軽減するのではなく代替するレベルにすでに到達していると述べている。また，戦闘での LAWS の活用に留まらず，戦争そのものを AI やロボットの管制の下に置く可能性までも

2）ただ，たとえ人間が「輪（loop）の中」にいたとしても，人間が判断の根拠としてコンピュータに依存しているため，実際には人間はすでに主導権を失っているとの見方もある。1988 年に米海軍のイージス艦がイラン航空の旅客機を撃墜した事件や，2003 年のイラク侵攻の際に米軍の飛行機 2 機がパトリオット・ミサイルで誤って撃墜された事件等がそれを物語っている。シンガー（2010：186–187）を参照。

すでに議論されているという。

　攻撃能力における革新性に目を奪われているうちに規制や管理がますます困難になっていくという現実は，人間と技術革新の関係において歴史上繰り返し現れてきた。しかしながら，潜在的な敵対勢力による LAWS の開発が勢いを止めない状況では，規制についての合意形成は後回しにされかねない。兵器の開発競争から生じる安全保障のディレンマが，LAWS をめぐってもやはり生じているといえよう。

引用・参考文献

ウィッテル, R.『無人暗殺機ドローンの誕生』赤根洋子（訳），文藝春秋，2015 年。
川口礼人「今後の軍事科学技術の進展と軍備管理等に係る一考察──自律型致死兵器システム（LAWS）の規制等について」『防衛研究所紀要』19(1)，2016 年，213–231.
久木田水生・神崎宣次・佐々木拓『ロボットからの倫理学入門』名古屋大学出版会，2017 年。
シャーレ, P.『無人の兵団──AI，ロボット，自律型兵器と未来の戦争』伏見威蕃（訳），早川書房，2019 年。
シンガー, P. W.『ロボット兵士の戦争』小林由香利（訳），NHK 出版，2010 年。
スケイヒル, J.『アメリカの卑劣な戦争──無人機と特殊作戦部隊の暗躍　上・下』横山啓明（訳），柏書房，2014 年。
バラット, J.『人工知能──人類最悪にして最後の発明』水谷淳（訳），ダイヤモンド社，2015 年。

参考資料

表 15-1　湾岸戦争・イラク戦争（著者作成）

1990 年	8 月	イラク軍，クウェートに侵攻
1991 年	1 月	湾岸戦争勃発
	4 月	国連安保理決議 687 号（武装解除要求）採択
2001 年	9 月	米同時多発テロ
2002 年	1 月	ブッシュ米大統領，一般教書演説でイラン，イラク，北朝鮮を「悪の枢軸」と非難 米議会，対イラク武力行使容認決議
	10 月	国連安保理決議 1441 号（査察再開要求）採択
	11 月	イラク政府，国連決議の無条件受け入れを決定
2003 年	2 月	パウエル米国務長官，安保理にイラクの大量破壊兵器の証拠を提示
	3 月	米英スペイン，イラク武力行使決議案を提出 シラク仏大統領，武力行使容認決議案への拒否権行使を明言 ブッシュ米大統領，イラクのフセイン大統領と息子に 48 時間以内の亡命を求める最後通告演説 米軍，バクダッドへの爆撃開始
	5 月	ブッシュ米大統領，戦闘終結宣言

表 15-2 主な無人兵器（著者作成）

名称	機能	配備国
プレデター，リーパー，グローバル・ホークなど（大型無人航空機）	偵察，監視，攻撃	米国
WJ-700（大型無人航空機）	高空・高速・長航続時間の偵察・攻撃一体型無人機	中国
レイヴン（小型無人航空機）	近距離偵察	米国
ハーピー（完全自律滞空弾薬）	敵の捜索，攻撃対象の決定，攻撃を全て自律的に行う	イスラエル
X-45（ステルス無人航空機）	偵察，監視，攻撃	米国
シーハンター（対潜連続追尾無人船）	潜水艦の探知・追尾	米国
プロテクター（無人水上艇）	遠隔操作による艦隊防衛，海上での対テロ戦闘，警戒監視など	イスラエル，シンガポールなど
エコーボイジャー（無人潜水艦）	海中での偵察・監視，深海底における調査など	米国
ウラン-9（無人戦闘車両）	リモコンで操作でき，対戦車ミサイル，ロケットランチャー，機関砲を搭載した車両	ロシア
C-RAM（ロケット弾・砲弾・迫撃砲迎撃システム）	人間の五感では反応できないロケット弾やミサイルから艦船や基地を防護	米国
タロン，パックボット・ウォーリアーなど（陸上戦闘支援ロボット）	爆発物の探知・除去	米国
LS3（荷物運搬ロボット）	ラバ型（四足歩行）で，山岳地帯など車両が入れない場所で歩兵部隊に追随して物資を運搬	米国，英国

ジェンダー

長谷川 晋

ジェンダー平等意識の高まりは国家の安全保障をどのように変えるか

　近年様々な分野で，ジェンダーの観点から従来の学問上の概念や議論を見直す動きが広まっている。例えば，歴史学においても，ジェンダーの観点から歴史教科書の書き直しが行われている（三成ほか 2014）。国際関係論も例外ではない。しかしながら，サンドラ・ウィットワースは，「社会科学のあらゆる学問領域の中でも国際関係論は，女性とジェンダー諸関係に関するフェミニズムの諸分析を組みこむことに最も抵抗する学問領域の一つであった」と述べている（ウィットワース 2000）。それはなぜなのかという問題意識と共に，本章では，国際関係における安全保障をめぐる議論にジェンダーがどのような異なる視点を提供しているかを事例を通して示し，そしてその結果，伝統的な安全保障論（特に国家安全保障論）にどのような影響を及ぼしているのかを考察する。

研究動向

　国際関係論，とりわけ安全保障に関わる研究領域においては，ジェンダーの観点からの伝統的な前提の見直しには消極的であった。その理由として，第一に，国際関係論の安全保障研究が現状の国際秩序の維持に最も強い関心があるのに対して，フェミニズム（女性の社会的・政治的・経済的権利を男性と同等にし，女性の能力や役割の発展を目指す主張および運動）の視点からの安全保障論は，その秩序が依拠している前提を揺るがす性質のものであったからだ（ウィットワース 2000）。主流の国際関係論の中でも最も強い影響力を持つ現実主義学派の視点から見れば，性差別主義（sexism）が現れているのは，現実主義が描き出そうとしている世界の現実の方であって，現実主義そのものではない（あくまで価値中立的である）という反論が出てくるかもしれない。主流の国際関係論の議論や前提そのものに性差別主義が（明示的であれ暗示的であれ）含まれていると考えるフェミニズム国際関係論

とは，当然議論がかみ合わない（ウィットワース 2000）。

しかしながら，1989 年に米ソ首脳間で冷戦終結宣言が出されて以降，矢継ぎ早にフェミニズムの立場からの主流の国際関係論に対する異議申し立てが出てくるようになった。この時期の代表作として，Enloe (1989)，同じくエンロー（1999），Peterson & Runyan (1993)，Sylvester (1994)，Pettman (1996)，そしてのちに本章で取り上げるアン・ティックナーの研究などがある。国際関係論の分野での学会誌でも，ジェンダーに関わる特集号が出ることは珍しくなくなった。依然として伝統的な国際関係論とフェミニズム国際関係論の間で言説をめぐる対立は続いているものの，ジェンダーという視点からの既存の議論の読み直しに対する関心は着実に高まっている。

主流の国際関係論がフェミニズム国際関係論の認知に消極的であり続けているもう一つの理由として，ジェンダーの視点を国家間の権力闘争の分析に取り込んだとしても，その闘争の結果自体に大きな影響を及ぼさないという暗黙の確信があるように思われる。例えば，古典的な現実主義者からすれば，「ジェンダー意識が高まろうと，あるいは女性兵士の割合が増えようと，戦争の帰趨に大きな変化はない」というシニカルな見方になるのかも知れない。しかし，フェミニズム国際関係論はこのような見方を退ける。フェミニズムの先行研究では，軍隊も含め国家安全保障のために作り上げてきた制度が，政策決定者たちによる「男（女）らしさ」の操作にどれほど依存しているのかを示す議論が頻繁に出てくる。軍事政策を円滑に進めるのに必要な「望ましい男（女）」のイメージをできるだけ多くの国民に共有してもらうために，軍や政治の政策決定者たちは多大な政治的資源を費やしてきた。

これに関わる議論の一つとして非常に興味深いのが，シンシア・エンローの研究の中に出てくる「兵員充足戦略」をめぐる分析である。今やどの国も新兵の募集に非常に苦労している。とりわけ先進国においては，軍隊に志願する若者の数は減少し，軍構成員の高齢化が進んでいる。自衛隊も例外ではない[1]。軍事政策決定者の目から見れば，女性兵士の割合がどれほど高まろうとも，軍隊は「男らしい男」になりたいと望む男性にとって魅力的な職場であり続けなくてはならない。しかしなが

---

[1]「若者が来ない！「自衛隊員募集」の深刻現場」『東洋経済オンライン』2018 年 9 月 19 日〈https://toyokeizai.net/articles/print/238533（確認：2020 年 2 月 24 日）〉，亀井洋志「高齢化する自衛隊の深刻度　前線兵士がいなくなる？」『週刊朝日オンライン』2018 年 12 月 5 日〈https://dot.asahi.com/wa/2018120400026.html?page=1（確認：2020 年 2 月 24 日）〉

ら，この「男らしい男」という不安定な地位は，男性のことを「男らしい」と考え称賛してくれる女性たちに依存しているのだとエンローはいう（エンロー 2006）。妻として母として，軍人である夫・息子を支える女性，基地周辺で軍人にサービスを提供する様々な職種の女性たち（医療，飲食，性産業など）が軍の活動を支援してくれるようにするにはどのような政策が最も効果的かを軍事政策決定者たちは常に気にかけている。エンローによれば，第一次世界大戦時，カナダやベルギーでは，息子の入隊を支持してもらうのに必死のあまり，他の大半の女性に先駆けて，兵士の母に選挙権を与えることにしたし，第二次世界大戦では，ドイツとイタリアの政策決定者たちは，息子を軍隊に送る母は尊敬に値すると女性たちを説得することに意識的に取り組んでいた（エンロー 2006）。言い換えるならば，「男（女）らしさ」を意図的に作り上げることによって（エンローはこうした操作を「策略（maneuvers）」と呼ぶ），軍は人的資源を確保してきたといえる。人的資源の確保が難しくなってきた現代においては，そうした「策略」はますます巧妙で違和感を覚えさせないように進められている。

　「個人的なことは政治的なこと（The personal is political）」であるというフェミニズムのスローガンをふまえるならば，人間個人のレベルで進む軍事化の策略は，国家の軍事政策にも国際構造にも影響を及ぼすし，その逆もまたしかりであると考える。人間・国家・国際構造の三つの分析レベルに分けた上で国際構造（中心的権威の不在＝アナーキー）を重視する現実主義とは溝があり，この溝を埋めるためには今後も多くの実証研究を必要とするであろう。

文献解題

> ティックナー，J. A.『国際関係論とジェンダー──安全保障へのフェミニズムの見方』進藤久美子・進藤榮一（訳）岩波書店，2005 年。

　多くの代表的なフェミニズム国際関係論の著作の中でも本書を選んだのは，国際関係論全般（第一章）と国家（軍事）安全保障におけるジェンダー化された見方（第二章）にとどまらず，経済安全保障（第三章）と環境安全保障（第四章）においても，いかに国際関係論の分析の中にジェンダー化された見方が取り込まれているかを明らかにしようとしており，安全保障問題をより広い観点から見直そうと試みている点でユニークな著書だからである。

　国家安全保障のジェンダー化された見方については，様々な興味深いエピソード

が紹介されている。例えば，1970 年代に米国のある女性下院議員が，それまで一度も女性が加わったことのなかった下院軍事委員会に所属することを希望した際，男性の年配議員たちから拒絶され，「彼女には農業委員会のほうがふさわしい」と提案された。また，1987 年の大統領選に立候補していた女性が予備選からの撤退を表明した際，夫の肩に身を寄せて涙する写真が複数の主要な新聞に掲載された後，「はたしてこのような女性は大統領候補にふさわしいのか」という論争が起こった。いずれの事例も，「感情的で弱腰の女性は軍事や外交には向かない」という暗黙の前提が現実に現れたものと解釈され得る。性別によって軍事や外交分野における職種の適／不適が振り分けられた場合，そこから生み出される軍事・外交政策も，「覇権的男らしさの属性（たくましさ，勇気，権力，独立，肉体的力，冷静，客観的）」に基づく政策になるはずだとフェミニストは確信している。

　戦争やアナーキーは客観的事実で所与のものであり，根本的に不可避のものであるとの前提を持つ主流の議論に対して，それらは社会的に構築されたものであり，構築されたものであるなら構築し直すこともできるはずだというのが社会構成主義の立場である。主流の議論が目を閉ざしている他の可能性とは，どのようなものであろうか。ティックナーは，ホッブズの「自然状態」の概念について次のように述べている。

　「もし自然状態でも生命が一世代以上続くとしたら，戦争ではなく，女性たちの子供を産み育てるといった活動も，そこに含まれなければならないはずである。再生産（生殖）活動には，乳幼児の生き残れる環境や相互行為や養育行為を必要とする」。

　また，我々がしばしば科学の条件として当然視する「客観性」「事実と意見の区別」に対しても，ジェンダーの視点から新たな視点が提示されている。17 世紀の科学革命によって主観と客観が区別され，論理によって制御できない感情や自然は論理的思考や精神の劣位に置かれ，人間の自然に対する優位・支配が確立されていった。そして，「無秩序な自然」は女性と関連づけられていった。これと同じ時期に，「覇権的男らしさ」に基づく国民国家システムが発展したことをフェミニストは単なる偶然とは見なさない。経済であれ環境であれ，安全保障を論じる議論の背後にあるジェンダー化された思考をあぶりだすティックナーの議論は，刺激的である。

　主流の国際関係論が暗黙裡に採用している暴力についての前提が，現実を反映していないどころか，そもそも暴力（その究極の行使である戦争）を生みだす要因になっている可能性があるという批判は，安全保障の議論を大きく変質させる十分な力を持っているように思われる。

引用・参考文献

ウィットワース，S.『国際ジェンダー関係論——批判理論的政治経済学に向けて』武者小路公秀（訳），藤原書店，2000年。

エンロー，C.『戦争の翌朝——ポスト冷戦時代をジェンダーで読む』池田悦子（訳），緑風出版，1999年。

エンロー，C.『策略——女性を軍事化する国際政治』上野千鶴子（監訳）・佐藤文香（訳），岩波書店，2006年。

三成美保・姫岡とし子・小浜正子（編）『歴史を読み替える——ジェンダーから見た世界史』大月書店，2014年。

Enloe, C., *Bananas, Beaches and Bases: Making Feminist Sense of International Politics*, London: Pandora, 1989.

Peterson, V. S. & Runyan, A. S., *Global Gender Issues*, Boulder: Westview Press, 1993.

Pettman, J. J., *Worlding Women: A Feminist International Politics*, London: Routledge, 1996.

Sylvester, C., *Feminist Theory and International Relations in a Postmodern Era*, Cambridge: Cambridge University Press, 1994.

参考資料

表16-1　**女性兵士・女性自衛官関連年表**（著者作成）

2015年	11月	空自が戦闘機操縦士の性別制限を廃止
	12月	カーター米国防長官が，米軍における全ての戦闘任務を女性兵士にも解禁すると発表
2017年	6月	陸自の主力部隊である普通科中隊に初めて女性が配属される
2018年	8月	防衛省（日本）が潜水艦への自衛官の配置における性別制限を撤廃
2019年	12月	海自でイージス艦の艦長に初めて女性が着任
2020年	7月	米特殊部隊に配属された初の女性州兵が誕生
2021年	1月	バイデン米大統領がトランスジェンダーの米軍入隊を認める大統領令に署名

表 16-2　女性自衛官数の推移（各年度末現在）

（防衛省 HP〈https://www.mod.go.jp/j/profile/worklife/sonota/tokei/index.html
（確認：2021 年 2 月 26 日）〉の表を一部改変）

年度	2014	2015	2016	2017	2018	2019
A　総数（人）	226,742	227,339	224,422	226,789	226,547	227,440
B　男性（人）	213,784	213,863	210,715	212,103	210,813	210,577
C　女性（人）	12,958	13,476	13,707	14,686	15,734	16,863
割合（C／A）	5.7%	5.9%	6.1%	6.5%	6.9%	7.4%

表 16-3　自衛隊の現員数（2020 年 3 月時点）

（防衛省 HP〈https://www.mod.go.jp/j/profile/mod_sdf/kousei/
（確認：2021 年 2 月 26 日）〉の表を一部改変）

区分	陸上自衛隊	海上自衛隊	航空自衛隊	統合幕僚幹部等	合計
定員（人）	150,777	45,356	46,923	4,098	247,154
現員（人）	138,060	42,850	42,828	3,704	227,442
充足率（%）	91.6	94.5	91.3	90.4	92.0

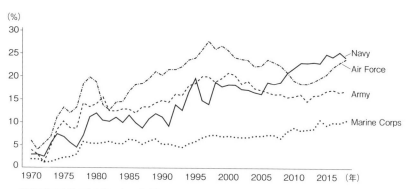

Note: Coast Guard data not available.
Source: Office of the Undersecretary of Defence.

図 16-1　米軍に占める女性の割合（1970–2018）

（外交問題評議会（The Council of Foreign Relations）HP〈https://www.cfr.org/backgrounder/demographics-
us-military（確認：2021 年 2 月 26 日）〉の図を一部改変）

ソフトパワーとシャープパワー

市原麻衣子

> ソフトパワーは国家間の対立にどのような影響を与えるのか

　ジョセフ・ナイが「ソフトパワー」という概念を形成してからというもの，ソフトパワーに関する議論が学術界においても政策コミュニティにおいても盛んに行われてきた。ソフトパワーは，ハードパワーに対置される概念である。軍事力や経済力を用いた強制・報酬により相手が望んでいない政策を選択させるハードパワーとは異なり，魅了することにより相手の選好自体を変化させ，相手がそれまで望んでいなかった選択肢を自ら望んで選択させるようにする力として概念化されたものである（Nye 1990, 2004）。しかし，国家間で深刻な対立が見られる際，軍事的手段ではないソフトパワーが当該対立に影響を与え得るのだろうか。ソフトパワーはどのような影響を与え得るのだろうか。

研究動向

　ソフトパワーを形成するために何がどのように用いられるのか，そしてそれらがどの程度の影響を与え得るのかについては，研究者の間で合意が見られていない。ナイ自身（Nye 2004：x）は，ソフトパワーの源となるものを文化，政治的価値，政策の三つに大別している。そして米国は，ハリウッド映画などを通じた文化的接触，民主主義や自由といった政治的価値，フルブライト奨学金の提供などといった政策によって，こうした政治的価値や文化に触れる機会を海外の人々に提供し，長期的ではあるものの内面化された選好変化をもたらしてきたと論じる。

　これに対し，日本研究者であるトーマス・バーガー（Berger 2010）は，日本のソフトパワーについて論じるなかで，経済的影響力，国際制度への加盟状況，他国にとっての日本のイメージの三つがソフトパワー源であると論じている。第一に，他国は経済力のある国家との協力関係を希望し，当該国家の経済モデルを模倣する上，経済力があれば対外援助などを通じたソフトパワー活動が可能となるという。第二

に，国際制度に加盟していることで，交渉を行ったり自国の価値を促進したりする機会を得るという。そして第三に，当該国家に関して好意的なイメージを持ち，当該社会や文化に対する尊敬があれば，他国は当該国家との協力を望むと論じている。

　ただし，パワー源とみなされるものは，単にそれらを保有することでパワーとなるのではなく，それを特定の対象に向けて行使する意思を持ち，意図的にこれを行使することでパワーとなり得る。このようにパワーを捉えたロバート・ダール（Dahl 1957）は，パワーを，アクター間の関係において意味を持つ関係概念であると論じた。

　パワーを関係概念として捉えた場合，ソフトパワーの議論には問題が生じる。第一に，文化や政治的価値は，それ自体が特定の対象に対する影響を目的に形成されたものではないという点である。これらはそうした目的を持った政策があって初めて活用され得る属性であり，文化や政治的価値が相手を魅了するか否かは，その内容のみならず相手との関係性によっても規定されるところが大きい。

　第二に，経済力を持つアクターを模倣しようというインセンティブが生じるのは，それにより何等かの報酬を期待するためであり，魅了の効果ではない。国際制度加盟に関する議論も，これにより取引費用が減少するというネオリベラル制度論の議論を踏襲したものといえ，国際制度自体は特定国家のソフトパワー源というより交渉アリーナと捉える方が自然である。そして当該国に関するイメージについては，確かにソフトパワーとなり得るが，これは当該国が意図的にイメージ向上に努めた場合であり，意図せざる結果としてイメージが良い国があるとすれば，それをパワーとして捉えるのは妥当ではない。

　関係概念としてのソフトパワー行使の例として近年存在感を増してきているのは，中国政府によるそれである。中国では2000年代に入りソフトパワーに関する議論が盛んになり，これに併せてソフトパワー外交の試みも加速した。例えば日本の文部科学省にあたる中国教育部は，直轄の国家漢語国際推広領導小組弁公室を通じて世界各国に孔子学院を設置し，中国の言語・文化教育を行い，その教育コンテンツに親中国政府的内容を入れることで，ソフトパワー外交を行ってきた。また，「大外宣」と呼ばれるプロパガンダキャンペーンの一環として，中国政府は中国メディアによる英語放送を拡大し，欧米メディアの言説が支配的となっている国際メディア空間において，中国メディアの発信を強化してきた。こうした活動においては，特定国・地域の世論を対象として，中国政府の視点を受け入れさせるという明確な目的があり，明確なソフトパワー外交であるといえる。

　ただし，中国のこうした外交には，ソフトパワーの概念だけでは理解できないものも含まれるとの理解が近年拡大し，ソフトパワーの類似概念として「シャープパワー」という概念が形成された。魅了によって相手の選好を変化させるソフトパワーに対し，シャープパワーは，情報操作や印象操作によって自国の好む方向に他国の選好を変更させる力をいう（e.g. Cardenal et al. 2017；Walker 2018）。

　これを用いているとされるのは特に中国とロシアで，自由が守られている民主主義社会において偽情報を拡散し，自国のイメージ向上を図るのみならず，現地社会を分断して不安定化させている。例えば 2016 年の米大統領選においては，ロシアがフェイスブックやツイッターに大量の偽アカウントを作成し，ヒラリー・クリントン民主党候補を主に標的とした偽情報を流して大統領選の結果に影響を与えた。日本においても，2018 年に台風 21 号により関西国際空港が打撃を受け，外国人利用客が空港内に取り残された際，中国政府は関西国際空港にバスを派遣して中国人観光客を救出したのに対し，台湾政府は何もしなかったという偽情報が発信された。これにより台湾国内で台湾外交部に対する批判が噴出し，台北駐大阪経済文化弁事処長が自殺する事態が発生している。

　ただし，偽情報の拡散は，権威主義国が対外的に用いている手段であるだけではなく，ほとんどの国で政治リーダーや与党を中心に，偽情報を用いた情報操作が行われている。典型的なのは米国で，ドナルド・トランプ大統領（2017 ～ 2021 年）が偽情報をツイッターで次々と発信し，真実を伝えるメディアを「フェイクニュース」と呼ぶなどした。トランプ大統領が流す偽情報は科学に基づくコロナウイルス対策をも困難にし，米国内でのコロナ感染者拡大にも繋がった。

文献解題

> カルダー , K. E. 『ワシントンの中のアジア──グローバル政治都市での攻防』ライシャワー東アジア研究センター（監修・監訳），中央公論新社，2014 年。

　こうした中，必ずしもソフトパワーやシャープパワーという概念を中心に据えてはいないものの，ソフトパワー外交について行われた非常に興味深い研究の一つとして，ケント・カルダー（ジョンズホプキンス大学教授）の『ワシントンの中のアジア』が挙げられる。本書は，米国の首都であるワシントンにおいて，いかにアジア各国が近年米国政府に影響を及ぼそうと活動してきたかを論じている。ロビー活動のような伝統的な手法のみならず，米国政府，議会関係者，研究者などを魅了す

る活動が多々行われ，それらが米国の政策に対して影響力
を発揮する事例が多く見られることを示している。

　本書においてカルダーは，グローバル都市としてのワシ
ントンが，政策ハブ，外交政策コミュニティ，戦略的情報
複合体という三つの特殊性を保有しており，その開放性や
国際機関の存在などと相俟って，ワシントンで様々なアク
ターが影響力を行使しようと活動していると論じる（27-32
頁）。特に，伝統的にワシントンの政策サークルから除外さ
れてきたアジア諸国が，ワシントンでアジェンダ・セッテ
ィング，情報収集，ネットワーキング，人材育成を行い，影響力の拡大を図ってい
ると論じる。

　他の世界各国に比べてアジア諸国はワシントンでロビイストを多く雇い，広報文
化外交にも多額を投じて自国への理解醸成を行っている。また，ワシントンのシン
クタンクと連携を強化し，情報収集に努めるほか，シンクタンクに助成し，自国の
政治外交を裏書きするような研究成果をシンクタンクから発信させている。こうし
た活動は特にアジア諸国間での係争を巡り，自国の立場を防衛する目的から行われ，
分裂国家問題（中国と台湾，韓国と北朝鮮）をはじめとする領土問題（尖閣諸島や
竹島問題を含む）のような安全保障上の問題を巡って熾烈なソフトパワー外交合戦
が繰り広げられている。

　そうしたなか，カルダーは，日本のソフトパワー外交が見劣りする点を懸念する。
中国は，同国メディアに多額を投入し，現地大手メディアから人材を引き抜いてア
メリカでの放送を強化し，中国の新聞をアメリカ国内で無料配布する。中国系アメ
リカ人社会との関係を強化し，特に選挙に合わせてロビー活動を活発化させる。台
湾は，米国との国交断絶後にロビー活動を活発化させ，米国議会に大きな影響力を
保持し，大学・研究者などへの多大な財政支援も行ってきた。韓国は，1970年代の
コリアゲート事件（ワシントンにおける大規模な贈賄事件）以降，民間セクターと
の協力関係を強め，従軍慰安婦問題や竹島問題などで影響力を拡大した。

　これに対し日本は，1990年代からロビイストの数を逆に大幅に減少させており，
日系主要団体もワシントンに事務所を持たないケースが多い。日米間の議会交流や
日本研究者の数も減っている。こうして，カルダーは，日本が領土問題などを巡る
アジェンダ・セッティングの機会を相対的に失いつつあり，ソフトパワー外交合戦
で劣勢に立たされていると論じる。

引用・参考文献

Berger, T. U., "Japan in Asia: A Hard Case for Soft Power," *Orbis*, 54(4), 2010, 565–582.

Cardenal, J. P., et al., *Sharp Power: Rising Authoritarian Influence*, Washington, D.C.: National Endowment for Democracy, 2017.

Dahl, R. A., "The Concept of Power," *Behavioral Science*, 2, 1957, 201–215.

Diamond, L., & Schell, O., ed., *China's Influence and American Interest*, Stanford, CA: Hoover Institution Press, 2019.

Nye, Jr., J. S., "Soft Power," *Foreign Policy*, 80, 1990, 153–171.

Nye, Jr., J. S., *Soft Power: The Means to Success in World Politics*, New York: Public Affairs, 2004.

Walker, C., "What is 'Sharp Power'?" *Journal of Democracy*, 29(3), 2018, 9–23.

参考資料

表 17-1　広報，文化交流及び報道対策予算額の推移

（外務省 HP「政策ごとの予算との対応　個別表」各年度版〈https://www.mofa.go.jp/mofaj/annai/shocho/hyouka/yosan_taiou.html（確認：2020 年 3 月 10 日）〉）

（単位：億円）

2008	2009	2010	2011	2012	2013	2014
169.84	164.83	162.74	160.47	154.06	150.72	154.03

2015	2016	2017	2018	2019	2020	
219.28	216.12	202.27	191.51	216.90	249.89	

表 17-2　中国メディアの SNS におけるフォロワー数（2020 年 3 月 10 日現在）

（Diamond & Schell（2019：213）をもとに筆者作成）

（単位：万フォロワー）

プラットフォーム	政府系				準政府系
	CCTV (CGTN)	Xinhua	People's Daily	China Daily	Phoenix TV
Twitter	CCTV: 60（英＋中） CGTN: 1,405（英）	1,263（英） 131（中）	709（英） 58（中）	430（英）	2（中）
Facebook	CCTV: 5,028（英），380（中） CGTN: 9,640（英） CGTN America: 127（英）	7,379（英）	7,613（英） 81（中）	8,836（英）	2（中）
YouTube	CCTV: 80（中） CGTN: 124（英）	68（英）	5（英）	2（英）	20（中）
Instagram	72（英）	116（英）	100（英）	0.1（英）	0.1（英）

注）（英）は英語を，（中）は中国語を指す。Phoenix TV は中国政府が管理している。

表 17-3 米国における国別登録ロビイスト数の変遷 (1960 ～ 2011 年)
(カルダー 2014：101)

(国名：登録数)

順位	1960	1980	1990	2011
1	フランス：50	日本：159	日本：275	日本：34
2	メキシコ：49	カナダ：69	カナダ：151	韓国：24
3	キューバ：38	旧ソ連：58	旧ソ連：103	カナダ：22
4	カナダ：32	メキシコ：58	フランス：54	台湾：16
5	イスラエル：30	(旧) 西ドイツ：49	韓国：51	中国：13
6	旧ソ連：29	フランス：45	台湾：38	トルコ：13
7	日本：28	韓国：42	イスラエル：32	アラブ首長国連邦：13
8	スウェーデン：25	台湾：30	イタリア：28	メキシコ：13
9	英国：24	イスラエル：27	スイス：27	サウジアラビア：12
10	(旧) 西ドイツ：22	サウジアラビア：27	ジャマイカ：26	インド：10

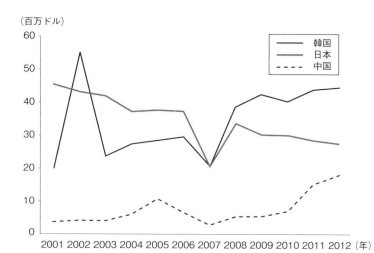

図 17-1 米国における日本，中国，韓国のロビー活動支出の推移 (2001 ～ 2012 年)
(カルダー (2014：151) を一部改変)

III 非国家主体と武力紛争

民族紛争

阿部悠貴

> 民族対立はなぜ激化するのか

1992 年 3 月，旧ユーゴスラヴィア連邦のボスニア・ヘルツェゴヴィナで内戦が勃発した際，アメリカのジョージ・H・W・ブッシュ大統領はこの争いを「長年の敵意と一世紀にわたる不和」に根差すものと評している（Power 2007：282）。確かにこの内戦がセルビア系，クロアチア系，ムスリム系の三民族を基盤にしたものであったことから，各民族のアイデンティティや文化的独自性というナショナリズムに基づく対立と見ることは可能であろう。しかし，この見方は本当に正しいのだろうか。長い間，異なる民族が暮らしていた地で，なぜ紛争が起きたのだろうか。民族と紛争にはどのような関係があるのか，改めて考えていくことが必要であろう。

研究動向

紛争の原因を民族間の不和に見る意見がある一方，現場で関与した外交官，地域研究者は否定的な見解を示すことが多い。上で言及したボスニア内戦で仲介交渉に従事したアメリカの外交官リチャード・ホルブルックは，この内戦を「悪意に満ち，犯罪者ですらある政治指導者が個人的，政治的，金銭的利益のために民族間の対立を煽り立てた結果の産物」と論じている（Holbrooke 1999：23-24）。つまり，民族の独自性というナショナリズムに訴えることで得をする政治指導者が対立を先鋭化させ，内戦に至ったということである（他，Malcolm 1994：252；Zimmermann 1999：121）。実際，それまで異なる民族が平穏に暮らし，混血も進んでいたことを考慮するならば，民族の違いだけで内戦が起きると説明することは難しいであろう。

では，仮に民族間の対立を煽る政治指導者がいるとしても，彼らはいつ台頭するのであろうか。その一つが不安定な経済状況である（ドーニャ&ファイン 1995：186-187, 202-206）。ボスニアを含む旧ユーゴスラヴィア連邦はソ連の社会主義システムとは異なる自主管理社会主義を掲げていたことから，冷戦期においても西側

諸国から経済支援，融資を得ていた。しかし 1970 年代に起きた石油危機によって支援が減少すると経済は危機に瀕し，1979 年には 200 億ドルの対外累積債務を抱えることになった（カルドー 2003：60；柴 1996：142）。こうして計画経済が頓挫し国家の統制が弱くなると，連邦を構成する共和国の間で利益をめぐる争いが見られるようになったのである。これがヨシップ・ブロズ・チトー大統領の死と重なったこともあり，次第に各共和国では自民族の主張を第一に掲げる指導者が登場し，旧ユーゴスラヴィア連邦は分裂へと動き出したのである。

　そしてもう一つの要因が選挙である。1989 年に東欧諸国が次々に民主化を遂げると，この波が旧ユーゴスラヴィアにも押し寄せ，選挙が実施される（佐原 2008：第 4 章）。選挙は民主主義の不可欠な要素であるが，「多民族国家において，民族的な亀裂は政治家にとって選挙民の支持を動員するための有力な資源の一つである」（久保 2003：36。他，Snyder 2000 参照）。この選挙において特定の民族の利益，アイデンティティを強調し，他民族に対する不満を喧伝することで票を集めようとする政治家が現れるようになり，「国内の民族間関係が悪化する可能性」が高まったのである（久保 2003：37）。

　こうして民族を基盤にした対立が先鋭化し，武力衝突を誘発することになったのである。しかし，その暴力がジェノサイド（集団殺戮），民族浄化を伴うほど激しくなったのはなぜだろうか。かつて旧ユーゴスラヴィア連邦は「七つの国境，六つの共和国，五つの民族，四つの言語，三つの宗教，二つの文字」を持ちつつも，「一つの国家」としてまとまっていた。にもかかわらず，ひとたび分裂が始まると対立は激化し，なかでもボスニアでは戦闘員，非戦闘員を問わず，特定の民族を抹殺しようとする事態が起きたのであった。

　この時に見られた暴力の激しさはかつて国際政治で見られたものとは質的に異なるものであった。実はこうした特徴はボスニア内戦に限らず，冷戦後に起きた内戦に多く見られたものである。セルビア系住民，アルバニア系住民の対立に基づくコソヴォ内戦（1998-99 年），トゥチ族，フトゥ族の衝突であるルワンダ大虐殺（1994 年）などがそうである（月村 2013）。いずれの地域でもそれまで保たれていた平和が，民族間の違いに基づく暴力へと転じていったのであった。こうした暴力の激しさに着目することは個別の事例を越え，国際政治における戦争の変化について検討することにも通じるのではないだろうか。

文献解題

> カルドー, M.『新戦争論——グローバル時代の組織的暴力』山本武彦・渡部正樹
> （訳）, 岩波書店, 2003 年。

本書はこの「国際政治における戦争の変化」を歴史的視点
から考察するものである。著者のメアリー・カルドーは冷
戦後に見られた内戦, それに伴うジェノサイド, 民族浄化と
いった暴力の形態を「新しい戦争」と呼ぶ。この特徴を明ら
かにするために, まず過去に見られた「旧（ふる）い戦争」
について検討し, その対比からなぜ「新しい戦争」が登場し
たのか読み解いていく。次いで「新しい戦争」の特徴が顕著
に現れたボスニア内戦を取り上げ, その中身を検証してい
く。その後, 冷戦後に起きた内戦を広く概観し, 「新しい戦
争」が世界に及ぼす影響について論じている。本書は歴史考察から抽象的な概念を
導き出し, それを具体的な事例に当てはめて分析する手法を取っている。

　まず「旧い戦争」とは国家の管理下で行われてきた戦争である。そもそも国家
の機能の大部分が戦争によって作られてきたものである。国家は戦争に要する莫大
な費用を賄うために徴税制度を導入し, そのために必要な行政制度を整備し, さら
には長期貸付を可能にする中央銀行制度を発展させてきた。そして国民軍を創設す
る必要が出てくると, 愛国心やナショナリズムが形成され, 生命を危険に晒す理由,
初めて会う「他人と共有できる」目標, 「兵士を犯罪者ではなく英雄として」称える
大義が作られていったのであった（38 頁）。

　「旧い戦争」は国民, 社会, 産業すべての動員を求める総力戦であった。しかしそ
の反面, 国家が関与しない私的な暴力は不当なものとして禁止された。また戦争が
残忍さを極めれば国民の動員は難しくなるため, 対立する国家同士であっても, 捕
虜の取り扱い, 一般市民（非戦闘員）の保護, 不必要な苦痛を与える兵器の使用禁
止といった最低限のルールが条約として締結されたのであった。つまり戦争は国家
の管理下で行われるものだったのである。

　これに対し「新しい戦争」は国家が崩壊し, 暴力が管理できなくなったことで起
きる戦争である。それは「民族, 部族, 宗教といった一見伝統的と思われるような
アイデンティティに基づいて権力を主張する」特徴を持つ（116 頁）。「旧い戦争」

においてナショナリズムは異なる人々を結び付ける「垂直的な国民文化」として役割を担っていたが，「新しい戦争」では人々を分裂させる機能を持つ（117，129 頁）。ボスニア内戦がそうであったように，国家の正統性が揺らぎ始めると，政治生命の延命を求める政治家は民族の独自性を掲げることで自らへの支持を集めようとする。それが個人のアイデンティティに訴えるものであるため，武力衝突に至れば「敵」への攻撃には際限がなく，一般市民であろうと異質な他者を追い出す，または消し去るまで徹底的に行われることになるのである（図 18-1 参照）。

　カルドーは「新しい戦争」で犠牲になるのが市民である以上，人々の救済と，国家の再建を目的にした「コスモポリタン的アプローチ」，すなわち「寛容性，多文化主義，市民性，民主主義」という普遍的原理に基づく国際人道法の整備，戦争犯罪に対する国際法廷の設置が必要であるという。そして必要ならば軍事介入を躊躇すべきではなく，「人道性のために自分の命を危険に晒すこと」（215 頁）が求められると述べる。

　しかし，現実にカルドーが主張する対応が取られるには非常に多くの困難が存在することも事実であろう。戦争の質が変化した一方，介入国側の政策は依然として「旧い戦争」に基づいたままだからである。確かに「新しい戦争」の惨状を目の当たりにすれば，「何かすべき（something must be done）」と叫ばれるかもしれない。しかし，ひとたび自国兵士が殺害されると，そうした声は一夜にして「撤退せよ（bring our boys home）」という怒りに変わっていくのである（ボスニア内戦への介入をめぐりイギリスの外相マルコム・リフキンドが述べた言葉）（Abe 2019：26）。カルドーの議論を敷衍すればこそ，国家が崩壊して起きる「新しい戦争」と，「旧い戦争」に基づいて取られる国家の対応の間に生じる齟齬のため，「コスモポリタン的アプローチ」を実施することの難しさも見えてこよう。

　「戦争が国家を作り，国家が戦争を作る」（Tilly 1992）というように，戦争は国家のあり方に大きな影響を及ぼしてきた。「旧い戦争」から「新しい戦争」への移行を理解することは現代の世界の変化について考える始点になるのではないだろうか。

引用・参考文献

カルドー, M.『新戦争論──グローバル時代の組織的暴力』山本武彦・渡部正樹（訳），岩波書店，2003 年。
久保慶一『引き裂かれた国家──旧ユーゴ地域の民主化と民族問題』有信堂高文社，2003 年。
佐ội藤徹哉『ボスニア内戦──グローバリゼーションとカオスの民族化』有志舎，2008 年。
柴　宜弘『ユーゴスラヴィア現代史』岩波書店，1996 年。
月村太郎『民族紛争』岩波書店，2013 年。

ドーニャ, R. G.・ファイン, J. V. A.『ボスニア・ヘルツェゴヴィナ史——多民族国家の試練』佐原徹哉（訳）, 恒文社, 1995 年。

Abe, Y., *Norm Dilemmas in Humanitarian Intervention: How Bosnia Changed NATO*, London: Routledge, 2019.

Holbrooke, R. C., *To End a War*, New York: Modern Library, 1999.

Malcolm, N., *Bosnia: A Short History*, New York: New York University Press, 1994.

Power, S., *"A Problem from Hell": America and the Age of Genocide*, New York: Harper Perennial, 2007.

Snyder, J. L., *From Voting to Violence: Democratization and Nationalist Conflict*, Norton, 2000.

Tilly, C., *Coercion, Capital, and European States, AD 990-1992*, Cambridge, MA: Blackwell, 1992.

Zimmermann, W., *Origins of a Catastrophe: Yugoslavia and its Destroyers*, New York: Times Books, 1999.

参考資料

一般市民を攻撃したり，傷つけるのはよくない，法に反するといわれているにもかかわらず，なぜ戦闘員はそれを行ったと思いますか。これを説明するのにもっとも適したものを二つ選択して下さい。

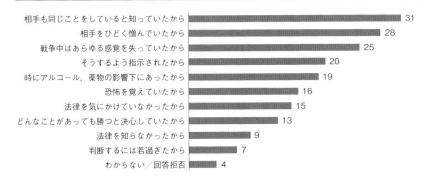

図 18-1　ボスニア内戦後のアンケート結果

（赤十字国際委員会（International Committee of the Red Cross）主催のレポート Country Report Bosnia-Herzegovina ICRC Worldwide Consultation on the Rules of War, November 1999, p. 14 より筆者作成〈https://www.icrc.org/en/doc/assets/files/other/bosnia.pdf（確認：2020 年 9 月 1 日)〉）

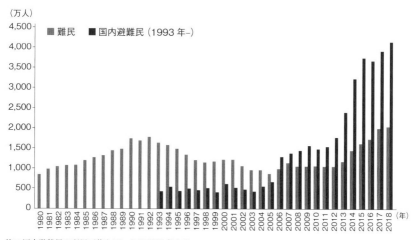

注：国内避難民の利用可能なデータは 1993 年から。

図 18-2 世界の難民，国内避難民

（国連難民高等弁務官事務所 HP 〈http://popstats.unhcr.org/en/overview
（確認：2020 年 9 月 1 日）〉より筆者作成）

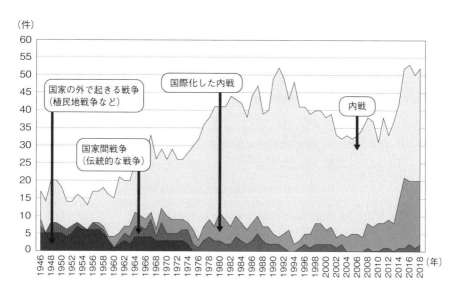

図 18-3 紛争の種類の変化

（The Uppsala Conflict Data Program（UCDP）HP 〈https://ucdp.uu.se/downloads/charts/
（確認：2020 年 9 月 1 日）〉より一部改変）

主権国家体制と介入

岸野浩一

なぜ主権国家への介入が起こるのか

　主権国家は，最高の権力（主権）を各々有しており，互いに対等で独立した存在であるとされる。そのため，各主権国家に対する他の国家や組織などによる軍事的な介入は本来認められないはずである。しかし，現実には，大国による他国への軍事介入が発生し，主権国家への人道的介入の是非などが議論されてきた。非介入を原則とするはずの主権国家体制において，介入はなぜ，どのように生じてきたのだろうか。

研究動向

　介入は歴史的に，権力を握る強者が暴力によって弱者の政治主体に法を課することを意味した（ウィーゼル・川田 1997：38-39）。17世紀以降に明確化された主権は，介入を否定する概念である。だが，主権の尊重は，国家内部の空間を神聖な場所として正当化し，国家権力を握った人間が内政不干渉を理由に自らの行動の自由を主張して相手国の意に反する介入や残酷な行いをしても，他国から容易には止められない場所にしてしまったといえる（吉川 2007）。主権国家となった西洋各国が非西洋への「介入権」を主張し現地の人々に残虐な行いをしたことなどは，その証左とされる（フォーク 2020）。国連憲章第2条で主権平等と内政不干渉の原則が明文化されたが，主権とは実際には組織化された「偽善」にすぎないとされ（Krasner 1999），とくに弱小国が強大な隣国からの介入に自由であったことは歴史上ないと指摘されている（クラズナー 2001）。

　20世紀においては，南北アメリカ大陸などにおける米国の介入や，東欧へのソ連の介入などが例示できる。米国は，複数の国々へと次々に軍事介入したうえ，「自らの姿に似せて他国を作り変えようとする衝動」に基づき，人々の意識や記憶の次元にまで及ぶ介入を続けてきたとされる（中山 2013）。米国の介入については，20

世紀初頭の中南米に対する米国による介入と不介入の双方の現象や政策を，米国の国益のみならず国際システムの利益や理念を加えた三つの変数の相互作用から，一貫した論理に基づき統一的に把握しようとする視座が提起されている（草野 2011）。冷戦期には，米ソが各々掲げる自由または公正のイデオロギーと結びついた介入が世界各地で繰り広げられてきた（ウェスタッド 2010）。「プラハの春」（1968 年）の最中のチェコスロバキアにソ連軍を中心とするワルシャワ条約機構軍が介入したことは，社会主義国内の問題は社会主義諸国共通の問題として軍事介入を含む内政干渉を許容する，制限主権論や「ブレジネフ・ドクトリン」に基づくものであると西側世界では認識され，主権の原則に違反する行為として警戒された（Ouimet 2003；Crump 2013）。なお，ソ連解体後のユーラシア内陸部には，ロシアなどによる介入が起りうる「階層的国際秩序」が存在していると指摘されている（湯浅 2015）。

　宗教上の迫害や人権侵害などの問題を理由として行われる「人道的介入」も，歴史上多数実行されてきた。人道的介入は「ある国において，住民に対して大規模に苦痛や死がもたらされているとき，それを止めることを目的として，その国の同意なしに軍事力をもって介入すること」などと定義される（最上 2001：10）。国際法のあり方を左右する地位にあった欧州の大国が介入を許容していた 19 世紀には，欧州各国による人道的介入が頻繁に行われたとされる。具体例としては，トルコ人による危害を止めるためと称して行われた 1827 年のフランスと英国によるギリシャ介入などが挙げられる。冷戦期には人道的介入に該当する事例として，市民保護のためのインドによるパキスタンへの武力介入（1971 〜 72 年），独裁政権からの解放のためのタンザニアによるウガンダ侵攻（1979 年），クメール・ルージュ（ポル・ポト）政権の排除を目的としたベトナムによるカンボジアへの軍事侵攻（1978 年末 〜 79 年初頭）がみられた（Kolb 2003）。これらの介入に多かれ少なかれ共通する点として，動機の一部に人道的要素があるとしても，それ以外の政治的動機（介入相手国との対抗関係・近隣の大国への勢力誇示・勢力圏拡大などの地政学的要因によるもの）も混ざりこんでいることが挙げられる。国家の武力行使は，人道的（利他的）と形容される場合でも，介入国自身の利益と全く無関係になされるわけではないのである（最上 2001：33-41）。人道的介入を含む歴史上の様々な介入の理由や動機について，マーサ・フィネモアはコンストラクティヴィズムの観点から分析を加えている（Finnemore 2003）。

　1999 年の北大西洋条約機構（NATO）によるコソボ介入（空爆）は，人道的介

入の是非に関する議論を引き起こした。哲学者ポール・リクールが述べたように，「苦しみはそれを見た者に責任を負わせる」（ウィーゼル・川田 1997：32）のであり，非人道的な苦しみが起こっている状況は他国であっても放置できない。だが介入は主権と抵触するため，主権と人権の規範の狭間における人道的介入の正統性が研究されるようになった（青井 2000）。その一つの結論として，「介入と国家主権に関する国際委員会」（ICISS）が 2000 年に提唱した「保護する責任」論が挙げられる。同論は，「主権国家は自国民を避けられる災難（大量殺人・強姦・飢餓）から保護する責任を負っているが，国家がそうする意志や能力をもたないときには，その責任は諸国家の共同体が負わなければならない」とする考え方である。同論が規範として世界的に受容された過程について，近年研究が進められている（政所 2020）。

文献解題

> 小松志朗『人道的介入──秩序と正義，武力と外交』早稲田大学出版部，2014年。

　国際関係理論における英国学派では，主権に基づく国際社会の秩序を重視する「多元主義」と人権などの人類の普遍的正義を重視する「連帯主義」との間で，人道的介入の是非についての論争が展開されてきた（ブザン 2017）。多元主義者は主権とともに国際秩序の維持に不可欠な内政不干渉原則と武力不行使原則を掘り崩す介入には否定的だが，連帯主義者は秩序を揺るがさずに正義を追求することは可能であるとして，人道的介入における「秩序と正義の調和」を議論する（Wheeler 2000）。本書は，後者の観点を重視して，人道的介入における秩序と正義のディレンマを解き，人道的危機を解決する介入のあり方を探る研究書である。

　第 1 章では，人道的介入の研究動向が概観され，本書の分析枠組が示される。人道的介入の特徴として，まず人道性と不確実な正統性が検討される。純粋に人道的な動機による国家の行動はあり得ないとしつつも，介入側に政治的動機があることで介入が始まることも確かであり，そうした現実を受け入れたうえで介入が人道的危機の防止や解決につながる道筋を探ることに意義があるとされる。また，今日の人道的介入は国際法に基づく国連安全保障理事会決議によって正統性が付与される

が，介入を正統化する安保理決議が採択される可能性は決して高くない。決議の有無を問わず，本当に武力介入が必要なのか，介入側は本当に危機を防止・解決しようとしているのかなどが問われる。介入側の死活的な利益が絡んでいないために徹底した軍事行動となりにくいことや，正統性への懸念がある場合は介入に躊躇する国が多くなることから，軍事面（介入に用いられる人員や装備・資金などの調達）の制約が存在する点も，同介入の特徴として指摘される。

　保護する責任の受容や研究の蓄積により，介入の正統性の評価基準が定まってきたため，介入についての議論や研究の重点は正統性から実効性へとシフトしてきたとされる。人道的介入がどうすれば成功するのかについては，未だ十分な見通しが立てられておらず，本書の研究はこの問いを根本に据えて展開される。人道的介入の実効性について，武力行使と外交交渉の関係という観点を導入し，介入が人道的危機の防止・解決につながる道筋を探るうえで有益な一般的知見を得ることが本書の目的とされる。正統性の問題は，介入の実効性を左右する重要な要因として位置づけられる。武力行使は最終手段であり，外交交渉の限界や失敗が前提にあってはじめて検討されるため，交渉の経緯は武力行使のあり方を方向付けるものである。全面戦争とは異なり，内戦の中に分け入り人権状況を改善するなどの行為を含んだ人道的介入は，建設的な和平を目指す外交レベルの取り組みが重要となる。介入が武力と交渉を組み合わせて計画・実践される場合もあることから，本書は，武力行使の実効性を考えるために外交交渉に着目する。

　以上をふまえ，第2章から第5章では，1990年代以降の四つの事例（ソマリア，ボスニア・ヘルツェゴビナ，コソボ，リビア）が取り上げられる。各事例について，各章で介入が行われた紛争の概要が述べられ，介入の構図，武力行使の経緯と概要およびその正統性が説明される。そのうえで，武力行使の実効性と介入における外交交渉のあり方が分析される。例えばソマリア介入の事例（第2章）は，次のように考察される。同事例では，全会一致で採択された安保理決議794により米国が率いる多国籍軍・統一タスクフォース（UNITAF）に武力行使の権限が与えられたため，介入の正統性は高く，また米国は決議が採択されなければ介入を取りやめていたといわれることから，正統性の確保は介入に不可欠の条件であった。UNITAFの武力行使（希望回復作戦）は，ソマリアが長引く内乱による最悪の飢餓状態などから脱することに寄与したため「成功」したと評されるものの，著者は，UNITAFが実際に武力行使に踏み切った局面の少なさから，武力行使があまり行われなかった事実に注目する。米国は武力行使と外交交渉を切り離し，紛争への深入りを避け

ることで軍事行動を限定したため，短期的には武力行使を成功させた。しかし，米国主体の武力行使と国連が主導した外交交渉との連携が欠けていたことから，危機の緩和はできても解決のための長期的交渉には支障をきたし，危機を作り出した武装勢力が国家建設の主役を担うという矛盾した事態に至り，人道的危機を生み出した内戦を解決するという成果を挙げることができなかった。こうした事例研究から，最後の第6章では，人道的介入の武力行使はその特徴ゆえに人道的危機の解決を達成する手段として限界を抱えていることが示され，武力と外交交渉の連携が肝要であることが結論される。

引用・参考文献

青井千由紀「人権・国家と二つの正統性システム——人道的介入の理論的考察」『国際政治』124，2000年，108–122.

ウィーゼル，E.・川田順造（編）『介入？——人間の権利と国家の論理』広瀬浩司・林 修（訳），藤原書店，1997年。

ウェスタッド，O. A.『グローバル冷戦史——第三世界への介入と現代世界の形成』佐々木雄太（監訳），名古屋大学出版会，2010年。

吉川 元『国際安全保障論——戦争と平和，そして人間の安全保障の軌跡』有斐閣，2007年。

草野大希『アメリカの介入政策と米州秩序——複雑システムとしての国際政治』東信堂，2011年。

クラズナー，S. D.「グローバリゼーション論批判——主権概念の再検討」河野 勝（訳），渡辺昭夫・土山實男（編）『グローバル・ガヴァナンス——政府なき秩序の模索』東京大学出版会，2001年，pp. 45–68.

中山俊宏『介入するアメリカ——理念国家の世界観』勁草書房，2013年。

フォーク，R.『人道的介入と合法的闘い——21世紀の平和と正義を求めて』川崎孝子（監訳）・川崎 晋（共訳），東信堂，2020年。

ブザン，B.『英国学派入門——国際社会論へのアプローチ』大中 真・佐藤 誠・池田丈佑・佐藤史郎ほか（訳），日本経済評論社，2017年。

政所大輔『保護する責任——変容する主権と人道の国際規範』勁草書房，2020年。

最上敏樹『人道的介入——正義の武力行使はあるか』岩波書店，2001年。

湯浅 剛『現代中央アジアの国際政治——ロシア・米欧・中国の介入と新独立国の自立』明石書店，2015年。

Crump, T., *Brezhnev and the Decline of the Soviet Union*, New York: Routledge, 2013.

Finnemore, M. *The Purpose of Intervention: Changing Beliefs about the Use of Force*, Ithaca, NY: Cornell University Press, 2003.

Kolb, R., "Note on humanitarian intervention," *International Review of the Red Cross*, 85(849), 2003, 119–134.

Krasner, S. D., *Sovereignty: Organized Hypocrisy*, Princeton, NJ: Princeton University Press, 1999.

Ouimet, M. J., *The Rise and Fall of the Brezhnev Doctrine in Soviet Foreign Policy*, Chapel Hill, NC: University of North Carolina Press, 2003.

Wheeler, N. J., *Saving Strangers: Humanitarian Intervention in International Society*, Oxford: Oxford University Press, 2000.

参考資料

表 19-1　冷戦後の主な人道的介入（著者作成）

年	介入対象の国・地域	主要な介入主体	関連する国連決議
1991	イラク	湾岸戦争時の多国籍軍	安保理決議 678
1992	ソマリア	米軍中心の多国籍軍	安保理決議 794
1994	ハイチ	米軍中心の多国籍軍	安保理決議 940
1994	ルワンダ	仏軍中心の多国籍軍	安保理決議 929
1995	ボスニア・ヘルツェゴビナ	北大西洋条約機構（NATO）	安保理決議 816・836
1999	東ティモール	東ティモール国際軍	安保理決議 1264
1999	ユーゴスラビア（コソボ）	北大西洋条約機構（NATO）	なし
2000	シエラレオネ	英軍	安保理決議 1299
2003	リベリア	米軍など	安保理決議 1509
2011	リビア	米英仏各国の軍など	安保理決議 1973

表 19-2　国際連合憲章　第 1 章　目的及び原則（抜粋）

第 2 条　この機構及びその加盟国は，第 1 条に掲げる目的を達成するに当っては，次の原則に従って行動しなければならない。
1.　この機構は，そのすべての加盟国の主権平等の原則に基礎をおいている。
3.　すべての加盟国は，その国際紛争を平和的手段によって国際の平和及び安全並びに正義を危くしないように解決しなければならない。
4.　すべての加盟国は，その国際関係において，武力による威嚇又は武力の行使を，いかなる国の領土保全又は政治的独立に対するものも，また，国際連合の目的と両立しない他のいかなる方法によるものも慎まなければならない。
7.　この憲章のいかなる規定も，本質上いずれかの国の国内管轄権内にある事項に干渉する権限を国際連合に与えるものではなく，また，その事項をこの憲章に基く解決に付託することを加盟国に要求するものでもない。但し，この原則は，第 7 章に基く強制措置の適用を妨げるものではない。

対テロ戦争

今田奈帆美

> 対テロ戦争はなぜ終わらないのか

冷戦後，特に 2000 年代に入って国際的なテロ組織への注目が集まっており，世界各地で発生するテロへの対処が急務となっている。9.11 事件後にはテロ組織の壊滅を目的として対テロ戦争が行われたものの，テロの撲滅からはほど遠い。

研究動向

　テロリズムの語源はフランス革命時の恐怖政治（régime de la terreur）であり，その本質は恐怖を与えることにある。しかし，テロと呼ばれるものすべてにあてはめられる明確な定義はない。ただし，テロには共通する特徴がある。第一に，「社会への何らかの訴えかけが意図とされた……暴力行為」であること。ここには様々な政治活動や思想・信条を広めることが含まれる。第二に，「心理的衝撃を重視する」こと。これは破壊行為が人々の間に産む恐怖を利用してテロリストが望む社会状況の実現を画策することを意味する（片山 2006）。このように，テロリズムの一般的な特徴は，非合法な暴力を行使することによって一般市民に恐怖を与え，政治目的を達成しようとする行為である（村井・宮坂 2010）。そのためテロの成否は物理的被害のみならず，社会に恐怖を拡散し，それによって政治的目的を達成し得たかによって評価される（小林 2020）。

　従来，テロとの戦いは戦争ではなく，警察が武力を用いて対応する国内問題であった（Wardlaw 1989）。しかし，21 世紀に入りテロリズムの国際安全保障上の重要性が増している。資金調達や訓練，情報収集などテロに関わる多くの活動は国境を越えて行われており，一国単位での対処ではテロ活動を抑え込むことが難しくなっている。また，1990 年代から，テロは大量殺傷型の時代に入った（宮坂 2002）。9.11 テロはその流れを印象付けた。その結果，本質的には非軍事的問題であるテロリズムが，伝統的には軍事中心であった安全保障の分野で取り上げられることとなった。

特に冷戦後に顕著なのは，宗教を背景としたテロリズムが台頭したことである。その最も典型的なものがアルカイダ（Al-Qaeda）をはじめとした国際的なイスラム・テロリスト・ネットワークである。またその手法も一般市民を巻き込んだ大規模，無差別なものになりつつある（ホフマン 1999）。加えて，テロリスト・ネットワークは多層的ではあるが，ピラミッド型の上意下達型の組織ではない。アルカイダを例にとれば，アルカイダ自体も，アルカイダの思想に影響を受けた地域のテロ組織も，世界中に散らばる細胞（セル）やテロリストの緩やかな結びつきに過ぎず，構成員，活動範囲，組織目的などの点でトランスナショナルである（宮坂 2015；板橋 2006）。これらのネットワークは，1979 年のソ連によるアフガニスタン侵攻を契機として形成された。イスラム圏に属するアフガニスタンを守るため世界中からイスラムの戦闘員が集結して義勇兵（ムジャヒディン）として戦い，のちにアルカイダなどのテロ組織を形成することになる。さらにはアフガニスタンに築かれた訓練キャンプにジハード（聖戦）遂行のために参加者が集まり，テロの手法を学んだ。彼らが国境を越えて散らばることで，グローバルに展開することが可能なテロリスト・ネットワークが形成された（板橋 2006）。実際，イスラム過激派によるテロは中東だけでなく東南アジアにも広がっている（竹田 2006）。

　では，なぜ対テロ戦争は終わらないのか。一般に，対テロ戦争と見なされているのは，9.11 アメリカ同時多発テロ事件（2001 年）の報復として，アルカイダを匿うタリバン政権を攻撃したアフガニスタン戦争，サダム・フセイン（Saddam Hussein）政権によるテロ支援の疑いを理由の一つとして 2003 年に開戦されたイラク戦争，さらにイラク戦争後の混乱とシリア内戦に乗じて 2014 年から勢力を伸ばした「イスラム国（IS）」との戦いなどである。これらの戦争では，一定の領域にテロ組織が拠点を持ち，政権とテロ組織との関連が疑われたために，テロ組織だけでなくアフガニスタンやイラクという国家が攻撃対象となった。しかし，テロ組織が国際的なネットワークであるために，組織の一部を攻撃したとしても組織の他のセルの弱体化にはつながらず，むしろ，他のセルや攻撃されたテロ組織の掲げるイデオロギーに共感する他のテロ組織の活動を活性化することになりかねない。

　テロが持続する根本的な原因として，貧困や政治的抑圧，若年層の失業などが挙げられることもある。しかし，テロリズムが多様で複雑な現象であるために，テロの原因についての一般的な理論はまだ構築されていない。ただし，共通点として挙げられるのは，テロ組織が存在する地域の政府の統治能力の欠如である（宮坂 2015）。政府の軍や警察などの能力が低ければテロを防ぐことはできない。また，

今日では観念的目的を持ったテロリストが主流になっている。過激かつ妥協を許さない政治的イデオロギーや宗教的信条，社会的信念などの動機に基づいたテロリストである。このようなイデオロギーや信条は国境を越えてグローバルに伝播し共有され，個々の組織が潰されたとしても別の組織や個人の中で生き残り，そこから過激なグループやテロリストが生まれる（宮坂2006）。このようなテロリズムへの対処は極めて困難であり，また，政治的・経済的状況とは関連なくどこでも生まれうる。そのため，テロ組織の一部を攻撃したとしてもテロリストが降伏することはなく，組織の他の部分で新たな活動が行われる。そのためにテロとの戦いは終わらないのである。

文献解題

> 延近充『対テロ戦争の政治経済学──終わらない戦争は何をもたらしたのか』
> 明石書店，2018年。

　本書では対テロ戦争を二つに分け，政権の転覆を目的とする"対テロ戦争"と，"対テロ戦争"開始後に現地で発生するテロ組織との戦いである「対テロ戦争」とに区別している。これは，本書がアフガニスタン戦争，イラク戦争は国家体制への攻撃でありテロ勢力自体に対する攻撃とはいえず，これらの攻撃を対テロ戦争と呼称するのは適切ではないとしているためである。主要戦闘終了後にアフガニスタンではイスラム過激派のタリバン勢力が復活し，イラク戦争ではフセイン政府軍の残党や反米勢力などによって，現地の新政府や米軍を中心とする有志連合軍・占領軍に対する攻撃が多発するようになった。こうした状況こそが「対テロ戦争」であるとしている。

　本書の目的は，なぜ「対テロ戦争」は終わらないのか，またなぜアメリカは「テロ勢力」そのものではなくアフガニスタンやイラクの「政権」に対して戦争を行ったのかを明らかにすることである。このような問いを掲げ，本書は第1章でアフガニスタンにおける「対テロ戦争」，第2章でイラク戦争，第4章と第5章でイラクにおける「対テロ戦争」とイラク戦争後のISの台頭について詳細に分析している。共通するのはアフガニスタンでもイラクでも，タリバン政権やフセイン政権が打倒されたのちに，旧政権側の勢力が再び拡大しテロが頻発したという構図である。ISは

国家再建の過程で生じたイラクの混乱に乗じて勢力を拡大し，イラク各地でのテロを実行した。また，中東地域のみならずアフリカ，ヨーロッパ，アジアからも戦闘員が参集することになり，有志連合に参加する欧州諸国内におけるテロが頻発するようになる。

　このようにテロとの戦いを詳細に分析したうえで，本書はそもそも「対テロ戦争」には終わらない性格があると指摘する。第一に，拙速な占領政策が反占領軍闘争と宗派間・民族間対立を先鋭化させ，テロに軍事力で対処したことが「暴力による憎悪と報復の連鎖」を生んだという共通の構図がある。軍事力に頼った平和構築の試みが「対テロ戦争」を激化させたことになる。第二に，「対テロ戦争」はイスラム武装組織という非国家勢力との戦いであるために，テロ組織の中枢部が地理的に明らかではない。結果として“テロとの戦争”はテロの実行者・組織だけでなく支援者，支持者にまで「敵」の範囲を広げることになり，敵を限定することも極めて困難になる。これが軍事力を用いた「対テロ戦争」の限界であり，戦いが終わらない根本的な原因である。テロ組織への掃討作戦が実行されたとしても，武装勢力は周辺地域などに逃れて民間人の中に潜伏し，再びテロ攻撃を行う。また，民間人の犠牲者が出ることによって市民の間にも占領軍に対する反発が生まれ，テロ組織は協力と支援を得られる。そのためにテロを再び実行することが可能になり，テロとの戦いは終わらないのである。

　このような認識のもと，著者は最後に対テロ戦争と日本の関係について触れている。対テロ戦争が軍事力によって解決できるものではなく，むしろグローバルに拡散することに鑑みれば，日米同盟を強化し米国の軍事行動を支援する政策は日本の安全保障を危険にさらす可能性があるという。そのため日本はイスラム過激主義思想への共感の基礎にある差別や格差の解消に力を尽くすべきであり，対テロ戦争に加担すべきではないと本書は主張する。しかし，安全保障が国家の最重要課題であり，日本がアメリカとの同盟を通じて安全を確保している以上，日米同盟の強化と米国への支援と協力は不可欠である。この点は著者が安全保障を専門としないために対米協力の重要性を軽視した主張を展開しているといえよう。

引用・参考文献

板橋功「テロリズムの戦線とネットワーク構造」テロ対策を考える会（編著）・宮坂直史（責任編集）『「テロ対策」入門——偏在する危機への対処法』亜紀書房，2006年，pp. 38–62.

片山善雄「テロリズムの本質」テロ対策を考える会（編著）・宮坂直史（責任編集）『「テロ対策」入門——偏在する危機への対処法』亜紀書房，2006年，pp. 19–37.

小林良樹『テロリズムとは何か――〈恐怖〉を読み解くリテラシー』慶応義塾大学出版会，2020 年。
竹田いさみ『国際テロネットワーク――アルカイダに狙われた東南アジア』講談社，2006 年。
ホフマン，B.『テロリズム』上野元美（訳），原書房，1999 年。
宮坂直史『国際テロリズム論』芦書房，2002 年。
宮坂直史「テロリズムの将来――テロ対策の展望」テロ対策を考える会（編著）・宮坂直史（責任
　　編集）『「テロ対策」入門――偏在する危機への対処法』亜紀書房，2006 年，pp. 262-276.
宮坂直史「テロの潮流と日本の政策」遠藤　乾（編）『グローバル・コモンズ』岩波書店，2015 年，
　　pp. 215-244.
村井友秀・宮坂直史「序章 テロ対処における国際協力の意義」広瀬佳一・宮坂直史（編著）『対
　　テロ国際協力の構図――多国間連携の成果と課題』ミネルヴァ書房，2010 年，pp. 1-6.
Wardlaw, G., *Political Terrorism*, 2nd ed, Cambridge: Cambridge University Press, 1989.

参考資料

表 20-1　注目される国際テロ組織の概要及び最近の動向

（公安調査庁 HP「国際テロリズム要覧 2020」〈http://www.moj.go.jp/psia/ITH/
organizations/index.html（確認：2021 年 1 月 29 日）〉より抜粋）

組織名	主な活動国等	設立年	主な事件
イラク・レバントの イスラム国	シリア	2013 年	イラク・シリアにおける自爆テロ シリア北部で邦人男性を拘束（2014）， のちに殺害動画を公開（2015）
ISIL 東アジア	フィリピン	2016 年	フィリピンにおける自爆テロ
アルカイダ	パキスタン	1988 年	イエメン・ホテル爆破テロ事件（1992） 米国・世界貿易センタービル爆破テロ事件（1993） ブラックホーク・ダウン事件（1993） フィリピン航空機内爆発事件（1994） 在ケニア・在タンザニア両米国大使館同時爆破テロ 事件（1998） イエメン・米駆逐艦コール爆破テロ事件（2000） 米国同時多発テロ事件（2000） トルコ・イスタンブール連続自爆テロ事件（2003） 英国・ロンドン地下鉄等同時爆破テロ事件（2005）
イスラム・マグレブ 諸国のアルカイダ	アルジェリア	2007 年	在アルジェリア邦人に対するテロ事件（2013）
アラビア半島の アルカイダ	イエメン	2009 年	サウジアラビア内務次官爆殺未遂事件（2009）， 米国航空機爆破テロ未遂事件（2009） イエメン発米国行き航空貨物からの爆発物発見事件 （2010）
ヌスラ戦線	シリア	2012 年	シリアにおける自爆テロ，軍の基地への攻撃
アル・シャバーブ	ソマリア	2007 年	ソマリアにおける自爆テロ，襲撃事件 ナイロビ・ショッピングモール襲撃テロ事件（2013）， ケニア・ガリッサ大学襲撃テロ事件（2015）

表 20-1　注目される国際テロ組織の概要及び最近の動向（つづき）

組織名	主な活動国等	設立年	主な事件
ボコ・ハラム	ナイジェリア	2002 年	ナイジェリアにおける政府機関，教会，学校への襲撃，誘拐
タリバン	アフガニスタン	1994 年	アフガニスタン政府や同国駐留外国軍を主な標的とする自爆テロ，襲撃
パキスタン・タリバン運動	パキスタン	2007 年	パキスタン政府・軍関連施設に対する攻撃，パキスタン国内の米国関連施設などに対するテロ　米国ニューヨーク・タイムズスクエア自動車爆弾テロ未遂事件（2010）
ラシュカレ・タイバ	パキスタン	1990 年	ムンバイ列車同時爆弾テロ事件（2006），ムンバイ同時多発テロ事件（2008）
新人民軍	フィリピン	1969 年	フィリピンにおける政府機関，軍，外国企業への襲撃　総合商社マニラ支店長誘拐事件（1986）
クルド労働者党	トルコ	1978 年	トルコ政府及び治安部隊に対するテロ，襲撃
ヒズボラ	レバノン	1982 年	レバノンの特にイスラエル軍治安警戒地域におけるテロ，イスラエルに対する攻撃
オウム真理教	日本	1984 年	信徒殺人事件，弁護士一家殺人事件（1989）　信徒殺人事件，弁護士殺人未遂事件，松本サリン事件，信徒殺人及び死体損壊事件，VX 使用殺人未遂事件，VX 使用殺人事件（1994）　VX 使用殺人未遂事件，公証役場事務長監禁致死事件，地下鉄サリン事件，新宿駅青酸ガス事件，都庁爆発物郵送事件（1995）　ロシア人信徒武器不法所持事件（シガチョフ事件）（2000）
日本赤軍	日本	1972 年	テルアビブ空港乱射事件（1972）　日航ジャンボ機乗っ取り事件（ドバイ事件）（1973）　シンガポール製油所襲撃事件（シンガポール事件），ハーグ・フランス大使館占拠事件（ハーグ事件）（1974）　クアラルンプール米大使館領事部，スウェーデン大使館占拠事件（クアラルンプール事件）（1975）　ダッカ日航機乗っ取り事件（ダッカ事件）（1977）　ジャカルタ・日本大使館等手製弾発射事件（ジャカルタ事件）（1986）　ローマ米・英大使館爆破事件（ローマ事件）（1987）　ナポリ米軍施設前車両爆破事件（ナポリ事件）（1988）

民間軍事会社

長谷川 晋

> 民間軍事会社は戦争をどのように変えるか

　本章で取り上げる民間軍事会社（private military companies：PMC）は，1990 年代前半からアフリカで目立つようになった非国家主体である。2001 年のアフガニスタン戦争と 2003 年のイラク戦争で，要人警護，施設警備，現地で新設された軍・警察への訓練提供やコンサルティング，輸送，通信など様々な分野で正規軍の活動を補完，場合によっては代替する存在として大きく成長した。この PMC が，現代の戦争をどのように変えたのか（変えつつあるのか）について，本章では議論の整理と文献紹介を行う。

研究動向

　近年，学会での報告や学会誌での投稿論文で「非国家主体」という言葉を含むものが頻繁に見られるようになっている。こうした変化の背景には，現代のあらゆる紛争においてこの国家ならざる者たちの関与があり，その関与が紛争の帰結を大きく左右するほど影響力を強めている現実がある。現在進行中の紛争において，紛争当事国の多くは，「一定の領域の内部で，正当な物理的暴力の独占を要求する人間共同体」というマックス・ウェーバーの国家の定義からは程遠い状況にある。例えば，イラクにおけるクルド人自治区の武装組織ペシュメルガやシーア派民兵組織のように，緊張関係を伴いながらも中央政府と協力・連携して国内の治安改善に大きく貢献している非国家主体がある（山尾 2013, 2016）[1]。紛争地域の中央政府は，も

---

1) 吉岡明子「イラクにおける統治なき領域とハイブリッド・ガバナンス」『平成 27 年度外務省外交・安全保障調査研究事業　安全保障政策のリアリティ・チェック──新安保法制・ガイドラインと朝鮮半島・中東情勢──中東情勢・新地域秩序』2016 年，第 5 章〈http://www2.jiia.or.jp/pdf/research/H27_Middle_East/05_yoshioka.pdf（確認：2019 年 12 月 15 日）〉

はやこうした非国家主体の協力なしには国家再建を進めることができなくなっている。中央政府が単独で安全保障政策を実施するだけの能力を持ち，理想とする秩序を共有する西欧諸国を前提とするセキュリティ・ガバナンス論の限界を指摘し，非西欧諸国の事例を導入することで「脱西欧化」を志向する議論も盛んになされている（足立 2018）。

　本章で取り上げる PMC も，紛争の中で大きな影響力を持つ非国家主体として注目を集めてきた。冷戦終結後の 1990 年代，米ソからの軍事・経済支援を得られなくなったアフリカ諸国は，自力で反政府軍に対処できず追い詰められていた。その窮地に陥った国の政府に対して戦闘業務を直接提供する PMC が現れ，そうした会社を衝撃的な形で紹介したのがピーター・シンガーであった（シンガー 2004）。直接的な戦闘業務をサービスとして提供する会社は業界の中でも非常に稀な例であるにもかかわらず，それが与えた衝撃の大きさ故に PMC に対する関心と警戒心が強まる結果を招いた。例えばシエラレオネでは，年間の軍事予算の 3 分の 1 で雇われた PMC が，政府に代わって反政府軍を撃退して安定を取り戻し，百万を超える難民の帰還と大統領選挙の実施が可能になるほど一時的に治安が改善した。また，PMC の軍事コンサルティングを受けたクロアチア軍がセルビア軍に初めて勝利し，この勝利によってセルビア側を交渉の席に着かせることに成功した。こうした PMC の活躍が非効率的で失敗を重ねていた国軍や国連の平和維持活動（PKO）部隊と比較され，いくぶん単純化された「PMC は救世主か，傭兵か」という議論が現れた（Brooks 2000）。また，国連 PKO の活動を PMC に委託することの是非についても賛否両論が巻き起こった（Bures 2005）。

　こうした「勃興期」の PMC に比べ，アフガニスタンとイラクでの戦争で一気に数が増えた PMC は，いわば「再編期」の PMC といえる。PMC への需要が増えたことで活動内容も多様化し，同時に PMC が提供するサービスの質にも差が目立つようになった。PMC の数が急増したため，米英両国の管理・監視体制はそれに追いつかず，個々の会社の能力や社員の質について調査できないまま政府との大型の契約が次々と結ばれていった。それに伴い，素性がわからず資質にも疑問のある小規模の PMC が急激に増え，現地国の政府もどの PMC がどこでどのような活動を自国内でしているのか全く把握できていない状況にあった[2]。その必然的な結果ともいえるのが，イラクのアブグレイブ刑務所での捕虜虐待事件（捕虜の尋問をPMC が担当）と，イラクのニスール広場における PMC 要員による銃乱射・市民殺傷事件であった（ファイナル 2009）。

　しかし，米国のアフガニスタンとイラクでの戦争は，PMC の支援なしには実質的に遂行できないほどに PMC への依存度が高まっていた。2009 年 9 月の時点で，両国における PMC 要員の数は 21 万 8 千人近くにも上っている。そしてこの後，1990 年代の「勃興期」の PMC の衝撃的な登場に焦点を当てがちだった従来の PMC 論とは異なり，歴史的には何ら新しい現象ではないと論じる議論が出てきた。例えばジェイムズ・J・カラファノは，中世から現在に至るまで，主権国家が暴力装置を排他的に独占したことなど歴史上一度もなく，戦争は常に公的部門と民間部門の混成によって行われてきたと主張した。したがって，PMC についてしばしば強調される，「国家による暴力装置の排他的独占を PMC が浸食している」という議論は的外れであると論じた（Carafano 2008）。またクリストファー・キンゼイは，冷戦期の主権国家が持っていた「自己完結的な軍のモデル」は，冷戦後の反乱鎮圧作戦においてはもはや有効ではないにもかかわらず，一般に人々がまだ感情的にそうしたモデルにこだわりを持っていると指摘した（Kinsey 2009）。これらの議論からすれば，PMC の隆盛は驚くべきことではないということになろう。

文献解題

> 佐野秀太郎『民間軍事警備会社の戦略的意義——米軍が追求する 21 世紀型軍隊』芙蓉書房出版，2015 年。

　PMC の学術的分析のほとんどは英語文献であり，邦語では「勃興期」の PMC に焦点を当てたルポルタージュ的な英語文献が翻訳されたものが数冊ある程度である。その中で，日本では初めてといってもよい PMC についての学術的研究が 2015 年に上梓された。それが上記の文献である。佐野は，米軍が戦争において請負業者を非戦闘的活動において活用することで軍の量的不足を補完し，米軍が戦闘行動に専念できるようにすること自体は独立戦争以来一貫してやってきたことだとしつつも，正規軍が主導的な役割を

2）Michael Walzer, "Mercenary Impulse: Is there an ethics that justifies Blackwater?" *The New Republic*, March 12, 2008〈http://www.tnr.com/article/mercenary-impulse（確認：2019 年 12 月 15 日）〉

担うべきというそれまでの前提が，アフガニスタンとイラクで崩れ始めているので
はないかと問題提起している。そして，PMC の存在が軍事作戦における正規軍と
PMC の役割分担や，さらには軍事組織の在り方そのものをも変化させるほどに影
響力を高めているのかを検証することが本書の目的であるとしている。

　佐野は本書の分析の結果，米国が①自国の外交政策の推進（現地治安部隊の育成
における PMC の活用），②軍の即応性の発揮（兵站支援と高度な兵器システムの管
理の PMC への委託），③軍事作戦の正当性の確保（PMC の大規模な活用，現地住
民の PMC 要員としての優先的雇用など）の三つすべてにおいて PMC の影響力が
拡大しており，かつてのような正規軍＝主，PMC＝従という関係ではなく，容易に
切り離すことができないほど一体化が進んでいることが明らかになったとしている。
そしてそれに伴い，意思決定の権限までは移譲していないものの，機能面において
は中心的な役割が軍から PMC に移行しつつあると述べる。

　本書では未曽有の規模で PMC が活用されたアフガニスタンとイラクの事例に絞
って検証されているが，佐野は「両国の規模の軍事作戦はむしろ例外的で，PMC
の影響力は限定的」という予想される反論には否定的で，米軍の動員体制（正規軍，
予備戦力，文官），軍事組織（人事管理，教育訓練体系，兵器体系），国防予算を再
構築する必要性があるほど，PMC の影響力は拡大していると見る。その結果，米
軍がこれまで伝統的に追求してきた軍の自己完結性を全面的に追求しなくても作戦
を遂行できるような 21 世紀型の新たな軍隊が形成されつつあると結論づけている。

　他方，こうした PMC の大規模な活用による米軍の組織原理の変化にはリスクも
伴う。それは，これだけは外部委託できないという「政府固有の機能」の更なる曖
昧化である。こうした問題は，今後アフガニスタンやイラク以外で行われる安定化
作戦を事例として検証されていくことになるだろう。

引用・参考文献

足立研幾（編）『セキュリティ・ガバナンス論の脱西欧化と再構築』ミネルヴァ書房，2018 年。
シンガー，P. W.『戦争請負会社』山崎　淳（訳），NHK 出版，2004 年。
ファイナル，S.『戦場の掟』伏見威蕃（訳），講談社，2009 年。
山尾　大『紛争と国家建設──戦後イラクの再建をめぐるポリティクス』明石書店，2013 年。
山尾　大「分断を促進する安全保障──戦後イラクの事例から」『立命館大学人文科学研究所紀
　　要』109，2016 年，7–45.
Brooks, D., "Messiahs or Mercenaries? The Future of International Private Military Services,"
　　International Peacekeeping, 7(4), 2000, 129–144.
Bures, O., "Private Military Companies: A Second Best Peacekeeping Option?," *International
　　Peacekeeping*, 12(4), 2005, 533–546.

Carafano, J. J., *Private Sector, Public Wars: Contractors in Combat: Afghanistan, Iraq, and Future Conflicts*, Westport, CT: Praeger Security International, 2008.

Kinsey, C., *Private Contractors and the Reconstruction of Iraq: Transforming Military Logistics*, London: Routledge, 2009.

参考資料

表21-1　アフガニスタン戦争（著者作成）

2001 年	9 月	米同時多発テロ
	10 月	NATO が北大西洋条約第 5 条（集団防衛条項）に基づき創設以来初めて集団的自衛権の発動を決定
	11 月	反タリバン勢力の北部同盟がカブールを制圧
	12 月	アフガニスタン各派代表者によるボン合意成立，暫定政権発足
2002 年	3 月	国連アフガニスタン支援ミッション（UNAMA）発足
2004 年	10 月	第 1 回大統領選挙。ハミド・カルザイ氏当選
2009 年	8 月	第 2 回大統領選挙。カルザイ大統領再選
	12 月	バラク・オバマ米政権発足 オバマ大統領がアフガニスタン駐留米軍 3 万人の増派を発表
2011 年	5 月	ウサマ・ビン・ラディン殺害
2014 年	6 月	第 3 回大統領選挙。元財務相のアシュラフ・ガーニ氏当選
2015 年	7 月	タリバン最高指導者のムハンマド・オマル氏の死亡が発表される
2017 年		ドナルド・トランプ米政権発足
2020 年	2 月	米国とタリバンの間で，駐留米軍の条件付き撤退で合意

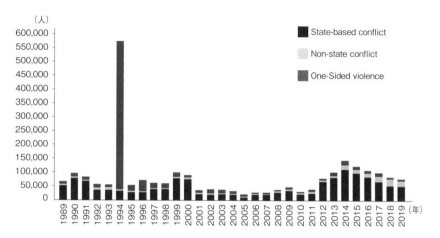

図 21-1　戦死者数の推移（1989–2019）【1994 年のルワンダ大虐殺含む】
（ウプサラ大学紛争データプログラム〈https://www.ucdp.uu.se/（確認：2021 年 2 月 26 日）〉）

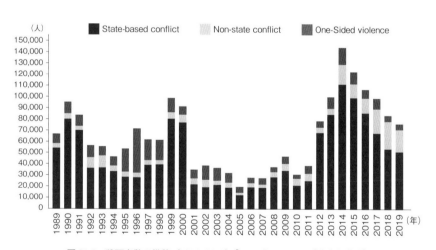

図 21-2　戦死者数の推移（1989–2019）【1994 年のルワンダ大虐殺除く】
（ウプサラ大学紛争データプログラム〈https://www.ucdp.uu.se/（確認：2021 年 2 月 26 日）〉）

Chapter 22 国際組織犯罪

福海さやか

> なぜ麻薬密輸は安全保障問題とされるのか

　冷戦の終わりは，新しい安全保障の概念にスポットライトを当てることになった。その中で国際組織犯罪，特に麻薬問題が，国際的な影響力を持つ脅威として認識されるようになった。国際組織犯罪は従来の武力紛争や戦争とは異なる性質の脅威であると認識されており，「非伝統的脅威」として知られる。つまり，国際組織犯罪の本質は武力行使による暴力ではないのである。では，安全保障の観点からみて，国際組織犯罪のどのような点が問題なのであろうか。以下，麻薬密輸を例に検討してみよう。

研究動向

　非伝統的脅威の中で，麻薬密輸がいち早く安全保障上の脅威として国際的に認められた理由は米国と欧州連合（EU）の政策によるところが大きい。EU は 2003 年に公式文書で，麻薬密輸を脅威であると言及している（The European Commission 2003）。しかし，違法ビジネスによる「経済活動」であり，「社会問題」であるはずの犯罪を「安全保障上の脅威」と捉え直すにはそれなりのロジックが必要である。このための分析枠組みの一つを提案したのが，バリー・ブザンやオレ・ウェーバーらである。彼らは，社会構成主義を踏まえながら，脅威として認識するプロセスである安全保障化（securitization）を論じ，従来の軍事面のみを扱う安全保障ではなく，政治・経済・社会そして環境分野も安全保障で扱うべき問題になりうるとする分析を示した（Buzan et al. 1997）。

　このような流れを受けて，例えばピーター・チャルクのように，非軍事的な脅威と国家安全保障や国際安全保障について論じる者が現れて来た（Chalk 2000）。安全保障は，もはや国家だけの問題ではなく，国際社会，個人，そしてある種の社会集団を対象とする安全保障も成り立つとする見方が浸透して来たのである。「非伝

統的脅威」を受け入れたことで，安全保障論（と安全保障の概念）は拡大し，複雑化した。

　非伝統的脅威の分析に際して，「その事象が何をもって，誰（何）に対して，どのような脅威であるとする」のかを明確に提示する必要があるとされている。なぜなら，非伝統的脅威の認識は，国によって異なる。これは，国の統治体制の成熟度などによって非伝統的脅威からの被害（影響）が異なるからである。

　麻薬密輸に関する研究は，インターディシプリナリー（学際的）であり，アプローチは多岐に渡る。本章では，のちに紹介する書籍との関係も鑑みて，以下の三つの可能性について言及する。一つ目は国際組織犯罪の性質や定義などに踏み込んで行くタイプの研究である。国際組織犯罪研究に関しては世界各地で多様な研究がなされているが，ヨーロッパに関していえば，犯罪組織が国家体制に与える影響（Allum & Siebert 2003）や，国際ネットワークとヨーロッパにおける事例（Siegel et al. 2003）などが見られる。加えて，「組織犯罪」は本当に「組織されている」のかなど，そもそもの定義に関わる議論（Allum et al. 2010）もある。組織犯罪の定義に関しては刑事学の領域で盛んであるが，国際関係論や法学でも存在する。

　二つ目は，麻薬産業とその影響について詳しく見る方法である。麻薬の種類によって生産地域や関連する問題の性質が異なる。メサンフェタミンやアンフェタミンに代表される合成麻薬の場合，麻薬密輸組織が地域性を出すための工夫をしているとはいえ，工業生産物であるため，世界中で類似したものが比較的容易に生産されている。一方，農業生産物である天然麻薬は，産地が概ね限定され，犯罪組織や産業形態，地政学的な問題などに地域性がみられる。ラテンアメリカのコカイン，東南アジアのヘロイン，中央アジアのハシシュなど，特定の地域と結びつけられてブランド化されているものも多い。しかも，巨額の金を集める産業であるため，利権や権力争いの渦中に入り，武力抗争などにも絡みやすい。

　研究を進めるにあたって，学術書に加えて，政府文書やジャーナリストによる文献などを丹念に見ていく必要がある。例えば，東南アジアであれば，アルフレッド・ウィリアム・マッコイの行なったヘロイン産業にまつわる詳細なリサーチ（マッコイ 1974）は外せない１冊である。コカイン産業に関しては，1990 年代に出版されたものであれば，パトリック・ライエル・クローソンとレンサラー・ライト・リー III による学術分析（Clawson & Lee III 1996）が産業全体を知るための代表作といえ，現代版コカイン産業の姿を示す良書としてはジャーナリストであるトム・ウェインライトの著書（ウェインライト 2017）がある。また，これらの麻薬や地域に

関する政策研究も可能である。やや珍しい取り組みとして，ラテンアメリカにおける米国と EU のコカイン規制政策の比較研究がある（Fukumi 2008）。

　三つ目はナルコ・テロリズムに関する研究である。ナルコ・テロリズムは狭義には麻薬密輸組織が行使する暴力のことであり，広義には麻薬密輸組織と武装勢力の連携や，麻薬密輸を資金源に武装勢力が活動することを指す。ナルコ・テロリズム研究の先駆けはラテンアメリカのゲリラ組織と麻薬密輸組織の関係を分析したDavids（2002）であろう。以後，麻薬密輸組織とゲリラなどの関係や資金の流れを含む「テロの資金源としての麻薬」が研究対象として注目を集めるようになった。アジアに関しては，Shanty（2011）がアルカイダやタリバンなどの武装集団とヘロイン生産に関する考察を行なっている。

　麻薬に関する研究は，正確なデータや論証を揃えることが難しい分野である。加えて，英語やスペイン語の文献に比べると，日本語文献は非常に少なく，日本語だけで十分な研究を行うことは困難でもある。

文献解題

> ラブルース，A・トゥジス，M.『麻薬と紛争——麻薬の戦略地政学』浦野起央（訳），三和書房，2002 年。

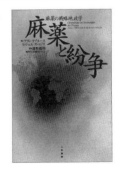

　社会学者と民俗学者が共著で麻薬に関わる分野を広く，そしてどちらかといえば浅く，カバーする書籍である。人とモノの動きや，麻薬と政治，麻薬と武力衝突，そして犯罪ネットワークといった麻薬産業に内包される多面的側面を紹介している。加えて，出来るだけ多くの地域と麻薬の種類をカバーしようとする野心的な書籍でもある。言い換えれば，前述した可能な研究領域すべてに触れている著作であるといえる。

　しかし，章によって論じ方が異なり，全体を 1 本の著作として捉えるにはまとまりに欠ける。また，随所に出典と思しき書籍名や参考文献名が記され，巻末に参考文献一覧が収められているが，学術書に必須である脚注が付いていないため，情報の出所が不明であり，さらなる情報追跡が難しい。研究にはやや使いづらい点が残念である。

　書名は『麻薬と紛争』であるが，内容としては，麻薬によって得られる資金を使

って人がどう動くか，また，人や政権が権力を得るためにどのように麻薬を資金源として用いてきたのかに関する考察である。

　第1章は，麻薬が外交の表舞台に現れたアヘン戦争についての考察から始まる。受験勉強でもおなじみの史実であり，近現代において，国家が交易品として麻薬を用い，その結果，相手国との戦争に発展したケースである。これは麻薬取引における金の流れを顕著に示すものであり，麻薬を正規輸出物とした場合の国際経済や国際政治に与える影響を語っているといえる。

　第3章から第5章にかけては，政治家や反政府勢力などの活動資金源としての麻薬が論じられている。麻薬を含む違法産業から上前をはねる公権力などの姿も垣間見られる。つまり，ゲリラ組織などが，自分たちの基盤を整え，戦いに必要な武器などを贖うために麻薬ビジネスに手を染めるさまや，麻薬産業で得た資金で一部地域を支配する様子について，ビルマ，ペルー，アフガニスタン，コーカサス地方の国々など多様な地域を事例にとって示そうとしている。

　第6章は，麻薬規制政策や麻薬に関する国際法について論じている。形式的には国際政治学の論考とは異なるが，内容的には国際政治学的見地からも参考になる論調・論旨が含まれている。本章では，麻薬の国際規制，そして，主にアメリカの行う麻薬規制政策について言及し，「麻薬を違法化する枠組み」とその対処法について，批判を交えながら論じている。

　第7章は，強大な犯罪組織を内包する国の葛藤について触れている。イタリアのマフィアやコロンビアの麻薬密輸組織は，その資金力と組織力で国政や経済に影響を与えることができる。これらの影響力は，民主主義の原則や国家主権の正当性に翳りを与えかねない。紛争や戦争以外でも国家の安全保障問題になり得る可能性を示唆する事例であろう。また，ナイジェリアの犯罪組織が有する国際ネットワークについての記載もある。政府高官による犯罪組織擁護も問題であるが，グローバル化する世界で，発展し高度化する犯罪組織間の繋がりも国際社会が危険視しているポイントの一つである。

　巨額の収入源としての麻薬と権力の関係について，様々な角度から論じようと試みる本書であるが，国家の政策中心というよりは，個人を中心とする視点で論じられているところが多い。国際政治学の視点とはやや異なるため，論文執筆の参考にするには注意が必要かもしれない。

引用・参考文献

ウェインライト, T.『ハッパノミクス──麻薬カルテルの経済学』千葉敏夫（訳），みすず書房，2017 年。

マッコイ, A. W.『ヘロイン──東南アジアの麻薬政治学』堀たお子（訳），サイマル出版会，1974 年。

Allum, F., & Siebert, L., ed., *Organized Crime and the Challenge to Democracy*, London: Routledge, 2003.

Allum, F., Longo, F., Irrera, D., & Kostas, P. A., ed., *Defining and Defying Organized Crime: Discourse, Perceptions and Reality*, London: Routledge, 2010.

Buzan, B., Wæver, O., & de Wilde, J., *Security: A New Framework for Analysis*, London: Lynne Rienner Publishers, 1997.

Chalk, P., *Non-Military Security and Global Order: The Impact of Extremism, Violence and Chaos on National and International Security*, London: Macmillan Press Ltd., 2000.

Clawson, P. L., & Lee III, R. W., *The Andean Cocaine Industry*, New York: St Martin's Griffin, 1996.

Davids, D. J., *Narco-Terrorism: A Unified Strategy to Fight a Growing Terrorist Menace*, New York: Transnational Publishers, 2002.

Fukumi, S., *Cocaine Trafficking in Latin America: EU and US Policy Responses*, London: Ashgate, 2008.

Shanty, F., *The Nexus: International Terrorism and Drug Trafficking from Afghanistan*, Santa Barbara, CA: Praeger, 2011.

Siegel, D., can de Bunt, H., & Zaitch, D., ed., *Global Organized Crime: Trends and Developments*, Dordrecht: Kluwer Academic Publishers, 2003.

The European Commission, *A Secure Europe in a Better World: European Security Strategy*, Brussels: the European Community, 12 December, 2003.

UNODC, *World Drug Report 2019, Booklet 2, Global Overview of Drug Demand and Supply*, 2019.

UNODC Research Brief, *Global Overview of Alternative Development Projects（2013-2017）*, 2019.

参考資料

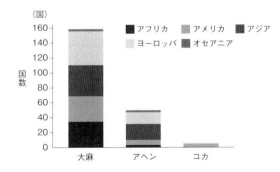

図 22-1　違法麻薬栽培を報告した国数（2010-2017）

（UNODC 2019：43）

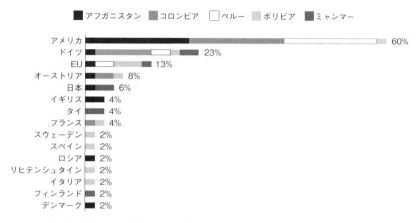

注：中国からの支援はデータ非公開のものもあるため除外

図 22-2　代替開発プロジェクトに占める国際ドナーの割合と援助受入国（2013-2017（N＝53））

（UNODC Research Brief 2019：27）

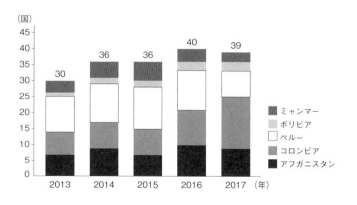

図 22-3　稼働中の代替開発プロジェクト総数（年毎・国別）（2013-2017（N＝53））

（UNODC Research Brief 2019：15）

IV　国際平和への方途

Chapter 23

兵器の規制

阿部悠貴

> ## 国家はなぜ自ら兵器の使用を禁止するのか

　国際政治は無政府状態にあるため，国家は生存を確保するためにあらゆる兵器を使用する。伝統的な国際関係論の理解ではこのように考えられてきた。しかし，これまで何度も兵器の使用を禁止する国際条約が締結されてきたのである（表23-1参照）。なぜ国家は自らが拘束されるにもかかわらず，このような取り決めを作ってきたのだろうか。そもそも暴力が取り締まられていない国際政治において，兵器の使用を禁止することはできるのだろうか。

研究動向

　兵器の使用が禁止される理由は規範の影響によって説明されることが多い。規範とは「アクター間で共有される適切な行動の基準」（足立2015：8）と定義されるように，ある兵器を用いることが望ましくないと国際社会で認識されるようになった結果，条約で禁止されたということが考えられる。例えば1972年には生物兵器禁止条約，1993年には化学兵器禁止条約，そして1997年には対人地雷禁止条約が締結されたのは，こうした兵器を使用することは人道的観点から不適切と見なされ，条約として結実したと論じられている（Price 1997；足立2004）。

　このような規範の誕生，伝播，定着という過程を説明するためにマーサ・フィネモアとキャスリン・シッキンクは「規範ライフサイクル」というモデルを提示している（Finnemore & Sikkink 1998）。これに従うならば，ある兵器の使用を禁止する規範が非政府組織（NGO）などの「規範起業家（norm entrepreneur）」によって唱えられ（誕生），その主張に共感が集まっていき（伝播），最終的に国際条約が結ばれた（定着）という流れが考えられる。この時，その兵器を使用すれば相手よりも優位に立てるという利益があったとしても，それは規範の観点からふさわしくないため，国家は使用しなくなるのである。

　確かにこの理解は規範の形成を説明する有力な議論であるが，これまでいくつか批判が向けられてきた。一点目は兵器の使用が禁止されるのは単に「ふさわしくない」という理由だけなのかというものである。例えばアメリカのバラク・オバマ大統領が2009年のプラハ演説で「核なき世界」を提唱したことは，核兵器の廃絶を目指す規範の影響と見ることもできる。しかし，実はこの演説では核物質がテロリストに渡ることの危険性，それを未然に防ぐために世界規模での封じ込めの必要性が訴えられており[1]，「核なき世界」構想には対テロ戦争に面するアメリカの「利益」という要因も含まれていたのである。

　そもそも規範研究への関心が（国家の目的は利益の最大化であると考える）伝統的な国際関係論の理解に対するオルタナティブとして高まったこともあり，利益と規範は対立概念として捉えられてきた。しかし，両者は本当に相容れない関係にあるのか，掘り下げて検討していくことも必要である。

　二点目はある兵器の使用禁止が唱えられれば，それは自然に拡散していくのかという疑問である。先に言及した「規範ライフサイクル」がそうであるように，過去の研究では規範の誕生から定着までは単線的なプロセスで捉えることが多かった。この点はしばし批判されてきたものである（Bloomfield 2016）。兵器の使用が禁止されれば自ら行動が制約されるのである。それでも規範を受け入れる動機は何であるのか。また兵器の使用禁止が唱えられれば，それに反対する者は出てこないのだろうか。

　規範は特定の価値に基づき，その内容に一致しない相手を強く批判する。そのため規範に賛同する者と反対する者の間には対立が生じることになるのである。まして兵器の使用禁止となれば，その争いは激しさを増すことが予想できよう。規範の受容をめぐって繰り広げられる過程を検討することは重要な課題である。

文献解題

足立研幾『国際政治と規範──国際社会の発展と兵器使用をめぐる規範の変容』有信堂高文社，2015年。

本書は兵器の使用禁止をめぐる国際政治を考察したものである。その議論は上述

1）"Remarks By President Barack Obama In Prague As Delivered," 〈https://obamawhitehouse.archives.gov/the-press-office/remarks-president-barack-obama-prague-delivered（確認：2020年9月1日）〉

した疑問点を克服しようとする試みでもある。まず本書は
規範の伝播に関する過去の研究を概観し，その欠陥を指摘
する。この理論的関心のもと，中世ヨーロッパから現代ま
での間に兵器の使用禁止をめぐりいかなる攻防が繰り広げ
られてきたのかを歴史的に検証する構成になっている。

　先に挙げた一点目の「規範と利益の関係」について，本
書は両者を対立的と捉えるのではなく，規範は国家の利益に
支えられて誕生すると主張する。例えば中世ヨーロッパで
出現した，兵器の使用を禁止する最初の規範は毒殺とクロス
ボー（弓矢の一種）に関するものであった。これらは安価で訓練を必要とせず，弱者
（平民）が強者（教皇，国王，諸侯）に危害を及ぼすことのできる手段であった。そ
のため当時の権力者たちは姑息な手段を使うのは恥ずべきことと非難する一方，正々
堂々と戦う態度を賞賛することで，こうした兵器の使用を封じ込めようとした。こう
して生まれたのが，礼節，忠義，高潔性を尊ぶ「騎士道精神」という規範である。つ
まり騎士道精神とは極めて当時の支配層の利益に叶うものだったのである。

　この構図は近代世界においても当てはまる。国民国家が成立したこの時代におい
て戦争は政治の一手段として行われていたが，毒ガスやダムダム弾が使用され，ま
た軽気球から爆弾が投射されれば，国家にとって多大な不利益が生じる事態であっ
た。戦争の被害が非戦闘員である一般市民にまで及び，また戦闘が凄惨さを極める
ことで市民を兵士として徴用することが困難になれば，もはや戦争は「政治の一手
段」としてコントロールできなくなる。こうした不利益を避けたい各国の思惑から
「文民保護」という規範，「不必要な苦痛を与える兵器の使用禁止」という規範がハ
ーグ平和会議（1899 年）にて明文化されたのであった。特定の兵器の使用を禁止す
ることは国家の利益と密接に関連して成立したのである。本書は規範と利益の相互
補完関係を明らかにし，規範研究の視点を広げたといえよう。

　二点目の疑問である「規範の広がりを単線的に捉える見方」に対し，本書は，国
家は盲目的に規範に従うのではなく，「他者」の存在があることで積極的に受け入
れると論じる。ヨーロッパ諸国は自らをキリスト教「文明国」と呼び，兵器使用禁
止規範を解さない他者，すなわち非キリスト教国を「野蛮国」として軽蔑していた。
そのため「文明国」を自認する国同士の戦争で禁止された兵器が使用されることは
なく，この規範は強化されていったのである。

　この「文明国」という言説はヨーロッパの外部でも影響力を持った。ヨーロッパ

諸国にとっての「他者」であるロシア，トルコ，日本などは「野蛮国」と見られることに不満を感じていた。そこで「文明国」という承認を得るべく進んで兵器使用禁止に関する規範に従ったのであった。その結果，この規範はキリスト教に根差したヨーロッパ社会を越え，国際社会で浸透していくことになったのである。

　加えてもう一点，本書は規範の単線的な広がりに異を唱え，新しい規範が台頭すると抵抗者が現れることを指摘する。そのようなアクターを（従来の規範を維持しようとする）「規範守護者」と呼び，彼らは新しい規範の妥当性を否定し，論争を引き起こすという。

　その駆け引きが見られた一例がクラスター弾禁止に関する条約（2008年）である。クラスター弾は一つの容器から多数の爆弾が散布される兵器であるが，規範起業家であるNGOはその非人道性を訴えて禁止を求めていた。しかし，使用継続を望むイギリス，フランス，アメリカ，ロシア，中国といった国はクラスター弾が禁止されれば代わって他の爆弾が利用される可能性があると論じ，規範守護者としてこれに反対していた。

　この時，規範起業家は他の規範に「接ぎ木」することで支持を広げようとする。NGOは文民保護規範や（すでに成立していた）地雷禁止規範に結び付け，クラスター弾により一般市民が犠牲者となること，またその不発弾は地雷同様の被害をもたらすことを訴えた。これに対し国家側はその「接ぎ木の切断」を試み，問題なのは使われ方であって，クラスター弾そのものではないと反論する。事実，実験場でのクラスター弾の不発率は低かったこともあり，この論争は国家側の主張に有利な状況が形成されつつあった。しかし今度はNGOが不発率1パーセント未満とされていた改良型自己破壊装置付クラスター弾が，実戦では「10パーセント以上」（178頁）の不発率であった調査を報告すると，NGO側の「文民に対し許容しがたい被害」をもたらすという主張に支持が集まり，クラスター弾を禁止するオスロ条約（2008年）が成立したのであった。

　新しい規範が提唱されると，それに反対する規範守護者との間で激しい論争が繰り返されるため，その定着は必ずしも約束されていないのである。ちなみに本書が提示する「規範守護者」という概念は規範に関する最前線の研究でもある。例えばアラン・ブルームフィールド（Bloomfield 2016），クリフォード・ボブ（Bob 2012）はある規範が広がりを見せると，それに反対するアクターが共同戦線を張って抵抗することを考察している。著者の足立研幾は彼らとの共同研究に加わり，新しい規範への抵抗がいかなる条件で起きるのかを検討している（Bloomfield & Scott 2017）。

引用・参考文献

足立研幾『オタワプロセス——対人地雷禁止レジームの形成』有信堂高文社，2004 年。
足立研幾『国際政治と規範——国際社会の発展と兵器使用をめぐる規範の変容』有信堂高文社，2015 年。
田中明彦・中西寛（編）『新・国際政治経済の基礎知識（新版）』有斐閣，2010 年。
ハルバースタム，D.『ベスト＆ブライテスト（上）（中）（下）』浅野輔（訳），二玄社，2009 年。
Bloomfield, A., "Norm Antipreneurs and Theorising Resistance to Normative Change," *Review of International Studies*, 42(2), 2016, 310–333.
Bloomfield, A., & Scott, S. V., ed., *Norm Antipreneurs and the Politics of Resistance to Global Normative Change*, London: Routledge, 2017.
Bob, C., *The Global Right Wing and the Clash of World Politics*, New York: Cambridge University Press, 2012.
Finnemore, M., & Sikkink, K., "International Norm Dynamics and Political Change," *International Organization*, 52(4), 1998, 887–917.
Price, R. M., *The Chemical Weapons Taboo*, Ithaca, NY: Cornell University Press, 1997.

参考資料

表 23-1　国際人道法として禁止されるようになった兵器の種類，およびその条約

（赤十字国際委員会（International Committee of the Red Cross）HP より翻訳
〈https://www.icrc.org/en/document/weapons（確認：2020 年 9 月 1 日)〉)

兵　器	条　約
400 グラムに満たない破裂性投射物	サンクトペテルブルク宣言（1868 年）
体内で拡散，破裂する弾薬	ハーグ陸戦条約（1899 年）
毒，または毒を施した兵器の使用	ハーグ陸戦協定（1907 年）
化学兵器	ジュネーヴ議定書（1925 年），化学兵器禁止条約（1993 年）
生物兵器	ジュネーヴ議定書（1925 年），生物兵器禁止条約（1972 年）
レントゲン写真で探知されず，体内に残った破片により損傷を与える兵器	特定通常兵器使用禁止制限条約，附属議定書 I（1980 年）
焼夷弾	特定通常兵器使用禁止制限条約，附属議定書 III（1980 年）
失明をもたらすレーザー兵器	特定通常兵器使用禁止制限条約，附属議定書 V（1995 年）
地雷，ブービートラップなどのその他の装置	特定通常兵器使用禁止制限条約，改正附属議定書 II（1996 年）
対人地雷	対人地雷全面禁止条約（オタワ条約）（1997 年）
不発弾	特定通常兵器使用禁止制限条約，附属議定書 V（2003 年）
クラスター爆弾	クラスター弾に関する条約（2008 年）

表23-2　ベトナム戦争

（田中・中西（2010），ハルバースタム（2009）に基づき著者作成）

1945年	第二次世界大戦終結により日本軍が撤退（8月）。宗主国であるフランスが統治を再開。独立を目指すホー・チ・ミンがベトナム民主共和国（北ベトナム）を建国（9月）。
1954年	北ベトナムの攻撃によりディエン・ビエン・フーが陥落（5月）。フランスは撤退を決定し，ジュネーブ協定を締結（7月）。その後，反共産主義を理由にアメリカが関与を深めていく。
1955年	ゴ・ジン・ジェム政権のベトナム共和国（南ベトナム）が建国（10月）。北緯17度線を境に（共産主義を標榜する）北ベトナムと（アメリカが支援する）南ベトナムが対峙する。
1960年	南ベトナムの内部で反政府組織の民族解放戦線（通称ベトコン）が組織される（12月）。武力解放を宣言した北ベトナムと連携して闘争を開始。
1963年	南ベトナムにてクーデターが発生し，ジェム政権が崩壊（11月）。前後してアメリカはジャングルに潜むベトコンの拠点を見つけるため枯葉剤を散布し始める。
1964年	トンキン湾にてアメリカの駆逐艦が北ベトナムからの攻撃を受ける（8月）。アメリカ議会は「トンキン湾決議」を採択し，大統領の軍事行動に白紙委任状を与える。
1965年	アメリカは地上軍を南ベトナムに派遣（最大時には55万人が駐留）。また北ベトナムへの空爆（北爆）を開始（2月）。
1968年	北ベトナムと民族解放戦線が一斉蜂起（テト攻勢）（1月）。結果は失敗であったが，アメリカ大使館が一時占拠された様子がテレビを通じて伝わると，アメリカ国内で反戦運動がさらに活発化する。
1969年	アメリカでリチャード・ニクソン政権が発足（1月）。ベトナムからの撤退を模索し始める。ソ連，中国との関係を改善し，両国が北ベトナムに終戦を促すことを狙う。
1971年	これまで国家承認を行ってこなかった中華人民共和国をニクソン大統領が訪問すると表明（ニクソン・ショック）（7月）。
1971年	ニクソン大統領が中国訪問（2月）。ならびにソ連も訪問し，第一次戦略兵器制限協定（SALT I），弾道弾迎撃ミサイル（ABM）条約に調印（5月）。
1973年	パリ和平協定が締結され（1月），アメリカ軍が撤退を開始。
1975年	北ベトナムが南ベトナムへの大攻勢を開始（3月）南ベトナムの首都サイゴン（現ホー・チ・ミン・シティー）が陥落（4月）。ベトナム戦争が正式に終結。

戦争の禁止

岸野浩一

> 戦争を禁止するためには何が求められるのか

　戦争を無くすための一つの方法として，ルールに基づいて戦争を禁止することが挙げられる。だが，ルール違反国に刑罰を科すことが可能な世界政府の存在しない今の世界において，戦争の禁止を世界全体で有効化し徹底することは容易ではない。戦争の禁止を実現していくためには，いかなる制度や条件が必要なのだろうか。

研究動向

　諸国家の上位に立つ権力が不在で戦争が絶えなかった 17 世紀以降の西欧では，戦争を禁止するための諸構想が提起された（ライプニッツ 2016）。フランスの聖職者アベ・ド・サン-ピエール（2013）は，各国家が一つの国家連合を形成する永久的な盟約を結び，戦争を企てた国に対して他の全加盟国が武力行使を含む制裁行動をとることで戦争の禁止を徹底する平和構想を提案した。思想家ジャン=ジャック・ルソー（2020）は，同構想に注目し，その意義を認め内容を評価したが，戦争を自らの利益のための一手段とする当時の各国君主が盟約を結ぶことは望み薄であり，構想実現のためにはこの状況を覆す革命が必要であると主張した。そして 18 世紀末，ルソーの思想が影響を与えたとされるフランス革命が起こり，その最中に成立した「1791 年憲法」において，「征服戦争を企てることの放棄」が明確に宣言された。革命の動向に注目していた哲学者イマヌエル・カント（1985）は，互いに自由で対等な国民が共通の法に服する共和制国家の間で国家連合を形成することによって，戦争禁止が現実化され恒久平和が達成されるとする構想を提起した。しかしながら，19 世紀に入り君主制の大国が国際秩序を管理するウィーン体制が形成されたことで，共和制国家へ移行する民主化の動きは後景に退けられ，カントの構想もまた実現することはなかった。

　20 世紀になると，共和制国家たる米国の台頭により，戦争禁止のための条約が形

作られていく。債務回収のために兵力を用いることを禁止する「ポーター条約」は，武力による紛争解決を制限した史上初の試みであり，米国が主導した第2回ハーグ平和会議（1907年）で成立した。第一次世界大戦後には，米国のウッドロー・ウィルソン大統領が提唱した国際連盟（the League of Nations）が設立される。「国際連盟規約」（1920年発効）では，戦争に訴えないことが義務化され，国際平和のために必要な措置（主に経済制裁）を連盟がとる集団安全保障の制度が構築された。続く「不戦条約」（1929年発効）では，国際紛争を解決する手段としての戦争の放棄が謳われ，戦争禁止が明文化された。一連の条約成立の背景には，決闘や奴隷の制度と同様に戦争も違法化し，世界最高裁の設立を求める米国の戦争違法化の思想などがあった（三牧2014；牧野2020）。だが，上記の諸条約には戦争の明確な定義がなく，幅広い武力行使を禁止する条項が不在であり，自衛を名目とした戦争を合法的に遂行する余地なども残されていたため，あらゆる戦争が違法化されたわけではなかった。現に，自衛の範囲を広く解釈した日本による満州事変（1931年）以降の動きは，戦争違法化体制を動揺させ（伊香2002），第二次世界大戦の勃発によりこの体制は崩壊した。

　第二次大戦後に成立した日本国憲法では戦争の放棄が規定され，同大戦後のフランス・イタリア・ドイツの各憲法には，征服・侵略戦争の禁止とともに，平和のための主権制限への同意が明記された。仏伊独の憲法規定は，欧州石炭鉄鋼共同体（ECSC）から欧州連合（EU）へと至る，平和目的の国際統合を可能とした（三石2004）。欧州にみられるような，国際組織設立や相互信頼醸成などによってその内部での戦争の恐れが存在しない「安全保障共同体」を形成することは，戦争廃絶につながりうる。安全保障共同体には，米国のように個々の政治体（州）が集まって一つの国家（連邦）を形成することで成立する「合併型」と，EUのように各国が主権を維持しつつ統合を進めることで成立する「多元型」の二種類が挙げられ，後者について現在はコンストラクティヴィズムの観点からアイデンティティや価値の共有の重要性などに着目して研究が進められている（Adler & Barnett 2008）。

　第二次大戦の戦勝国が中核となって設立した国際連合（the United Nations）では，武力による威嚇と武力行使を禁止する原則（「国際連合憲章」（1945年発効）第2条4項）がルール化された（松井2018）。この原則の違反国に対しては，安全保障理事会の決定によって，憲章第7章に規定された経済制裁・外交関係断絶などの非軍事的措置や，最終手段としての軍事的措置を講ずることが認められている。しかし，兵力分担などに関する特別協定は一度も締結されておらず，当初予定された武

力行使禁止の体制が十全に機能しているとは言い難い。そのため，安保理の制度改革の必要性が訴えられてきた。常任理事国（P5）の拒否権問題のほか，安保理の組織運営に関わる「知識」をP5が独占する特権の問題などが，国連実務の観点から指摘されている（松浦2009）。冷戦終結後の1990年代以降，内戦や民族紛争などに対応するため，旧ユーゴ国際刑事裁判所を設立した決議827にみられる司法的機能や，国際テロ防止に関する規範を創設した決議1373にみられる立法的機能を，安保理は新たに果たすようになってきた（村瀬2009）。これらは国連憲章に明文化されている平和執行機能の範疇には収まらない行いであり，その正当性が問われている（佐藤2015）。憲章に規定された安保理の措置としては，経済制裁が頻繁に用いられてきた。経済制裁は，軍事行動に比べてそのコストが低く抑えられることなどから，古代より様々な場面で多用されてきた（臼井ほか2017）。だが，非民主的国家を対象として経済制裁を実施する場合には，制裁の影響を大きく受ける国民の声が政府に届かず，効果が期待できないともいわれている（メイヨール2009）。

文献解題

> 本多美樹『国連による経済制裁と人道上の諸問題——「スマート・サンクション」の模索』国際書院，2013年。

　現在の国連を中心とした集団安全保障体制においては，経済制裁が戦争禁止のための主要な手段として用いられている。しかし，経済制裁は，非民主国家への効果が問題視されるほか（メイヨール2009），無辜の市民に多大な被害を与えてしまうことで人道上の問題を発生させうる。そこで1990年代末より，一般市民に損害を与える一切の通商の断絶ではなく，ルール違反（武力行使など）の責任を負うべき指導者への打撃を極大化する経済制裁，すなわち「スマート・サンクション」（smart sanctions）が模索されてきた。

本書は，同概念を軸として国連による経済制裁の実態と課題を明らかにし，実効的かつ人道的な制裁のあり方を探るものである。

　第1部では，国連による経済制裁の特徴とそれが求められるようになった背景や期待される役割が整理され（第1章），同制裁が抱える諸問題について考察される（第2章）。軍事的措置に比べて，大規模な犠牲を伴わない点などから，非軍事的措

置が頻繁に用いられてきたことが指摘され，そのなかでも「武力と非難」の中間に
位置する経済制裁は，経済的相互依存の発達した現代の国際関係においては有効な
強制措置であるとされる。しかし，国際連盟による対イタリア制裁（1935 年）のよ
うに，かえって被制裁国が侵略行為を強化して逆効果になることがあるため，経済
制裁には効果がないと結論する見解がある。これに対して，被制裁国に何らかのメ
ッセージを伝えること，国際社会に被制裁国の違反行為を知らしめることなどを通
じて，対話を促し攻撃者にさらなる紛争能力を獲得させない効果があるとする見解
も提起されている。後者の見解をふまえ，著者は，懲罰的な手段としてよりも外交
（コミュニケーション）ツールとしての有用性や役割から経済制裁の実効性を評価
できるとする。そのうえで，経済制裁の問題点として，制裁の忠実な履行への懸念
や実際に制裁の影響が及ぶまでの時間の長さとともに，先述の人道上の問題が列挙
される。第 2 部（第 3・4 章）では，こうした問題点を包含する事例として，1990
年のイラクによるクウェート侵攻に対して実行された対イラク制裁が取り上げられ
る。同制裁によりイラクの一般市民が医療品・食糧・水の不足に陥ったことから導
入された，人道的例外措置の「石油と食糧交換プログラム」について検討が加えられ，
この事例に本書はスマート・サンクションの萌芽を見出す。続く第 3 部では，人道
問題に配慮した実効的な経済制裁の倫理的・政策的側面について，正戦論の枠組み
を導入する意義（第 5 章）や，スマート・サンクションを具体化する過程とそれが
導入された諸事例（第 6 章）などから考察される。
　そのうえで，第 4 部（第 7 章）において，スマート・サンクションの「成功事
例」とされる対アンゴラ制裁（1993 ～ 2002 年）が分析される。この事例では，紛
争を長期化させる原因に対象を絞った制裁，とくに武器やダイヤモンドの不正取引
禁止が実施された。制裁を主導した安保理内の委員会が制裁措置を履行するように
各国政府・企業・非政府組織（NGO）などと度々話し合いを行い積極的に取り組ん
だこと，国連が各国政府機関・企業・国際 NGO との連携を強めて不正取引根絶の
活動を展開したこと，そして制裁履行監視のメカニズムとして制裁に違反した国・
団体・個人を公表する戦略をとったことなどから，制裁は目的を達成したとされる。
奏功した背景には P5 内にアンゴラへの強い利害関係を持った国が存在しなかった
点などがあるとしつつも，同制裁はスマート・サンクションを実現するための稀有
な参考事例として提示される。制裁の効果の追求と人道的配慮をいかに両立するか，
国連が関連する国際組織・各国政府・NGO・企業などといかに連携できるかが，制
裁を成功させるための重要な課題であると結論されるのである。

引用・参考文献

伊香俊哉『近代日本と戦争違法化体制——第一次世界大戦から日中戦争へ』吉川弘文館，2002 年。

臼井実稲子・奥迫　元・山本武彦（編）『経済制裁の研究——経済制裁の政治経済学的位置づけ』
　　志學社，2017 年。

カント，I.『永遠平和のために』宇都宮芳明（訳），岩波書店，1985 年。

佐藤哲夫『国連安全保障理事会と憲章第 7 章——集団安全保障制度の創造的展開とその課題』有
　　斐閣，2015 年。

サン-ピエール『永久平和論 1・2』本田裕志（訳），京都大学学術出版会，2013 年。

牧野雅彦『不戦条約——戦後日本の原点』東京大学出版会，2020 年。

松井芳郎『武力行使禁止原則の歴史と現状』日本評論社，2018 年。

松浦博司『国連安全保障理事会——その限界と可能性』東信堂，2009 年。

三石善吉「戦争の違法化とその歴史」『東京家政学院筑波女子大学紀要』8，2004 年，37-49.

三牧聖子『戦争違法化運動の時代——「危機の 20 年」のアメリカ国際関係思想』名古屋大学出版
　　会，2014 年。

村瀬信也（編）『国連安保理の機能変化』東信堂，2009 年。

メイヨール，J.『世界政治——進歩と限界』田所昌幸（訳），勁草書房，2009 年。

ライプニッツ，G. W.「サン・ピエール師の恒久平和計画にかんする所見」『ライプニッツ著作集 II
　　2』酒井　潔・佐々木能章（監修），工作舎，2016 年，pp. 175-185.

ルソー，J. J.『ルソーの戦争／平和論——『戦争法の諸原理』と『永久平和論抜粋・批判』』バコ
　　フェン，B.・スペクトール，C.（監修）・ベルナルディ，B.・シルヴェストリーニ，G.（編）・永
　　見文雄・三浦信孝（訳），勁草書房，2020 年。

Adler, E., & Barnett, M., eds., *Security Communities*, Cambridge: Cambridge University Press,
　　2008.

参考資料

表 24-1　不戦条約と国際連盟規約の主要規定（外務省訳に基づき著者作成）

不戦条約 （第 1 条）	締約国は，国際紛争解決のため戦争に訴ふることを非とし，かつその相互関係におい て国家の政策の手段としての戦争を放棄することを，その各自の人民の名において厳 粛に宣言する。
国際連盟規約 前文（抜粋）	締約国は戦争に訴えざるの義務を受諾し〔中略〕ここに国際聯盟規約を協定す。
第 10 条 （抜粋）	聯盟国は，聯盟各国の領土保全及び現在の政治的独立を尊重し，かつ外部の侵略に対 しこれを擁護することを約す。
第 12 条 （抜粋）	聯盟国は，聯盟国間に国交断絶に至る虞のある紛争発生するときは，当該事件を仲裁 裁判もしくは司法的解決又は聯盟理事会の審査に付すべく，かつ仲裁裁判官の判決も しくは司法裁判の判決後または聯盟理事会の報告後三月を経過するまで，いかなる場 合においても，戦争に訴えざることを約す。
第 16 条 （抜粋）	1　〔中略〕　戦争に訴えたる聯盟国は，当然他の総ての聯盟国に対して戦争行為を為 したるものと看過す。他の総ての聯盟国は，これに対し直ちに一切の通商上または金 融上の関係を断絶し，自国民と違約国国民との一切の交通を禁止し，かつ聯盟国たる と否とを問わず他の総ての国の国民と違約国国民との間の一切の金融上，通商上又は 個人的交通を防遏すべきことを約す。 2　聯盟理事会は，前項の場合において聯盟の約束擁護のため使用すべき兵力に対する 聯盟各国の陸空又は空軍の分担程度を関係各国政府に提案するの義務あるものとす。

表24-2　仏伊独の「主権制限」に関する主要な憲法規定

（三石（2004）；衆議院憲法調査会事務局「「国家統合・国際機関への加入及びそれに伴う国家主権の移譲（特に，EU 憲法と EU 加盟国の憲法，「EU 軍」）」に関する基礎的資料」（衆議院憲法調査会・安全保障及び国際協力等に関する調査小委員会，衆憲資第 40 号（平成 16 年 3 月 4 日の参考資料），2004 年 3 月）〈http://www.shugiin.go.jp/internet/itdb_kenpou.nsf/html/kenpou/chosa/shukenshi040.pdf/$File/shukenshi040.pdf（確認：2021 年 2 月 7 日)〉）

フランス	フランス第 4 共和国憲法（1946 年成立）前文・第 15 節 相互主義の留保の下に，フランスは平和の組織および防衛に必要な主権の制限に同意する。 フランス第 5 共和国憲法（1958 年施行，現行憲法）第 88 条（抜粋） 1　共和国は，欧州共同体及び欧州連合に加盟する。欧州共同体及び欧州連合は，それらを創設した諸条約に従い，一定の権限を共同して行使することを自由に選択した諸国によって構成される。 2　相互主義の留保のもとに，かつ，1992 年 2 月 7 日に署名された欧州連合条約に定められた諸方式に従って，フランスは，欧州経済・通貨連合の確立に必要な権限を移譲することに同意する。
イタリア	イタリア共和国憲法（1948 年施行，現行憲法）第 11 条 イタリアは他の人民の自由を侵害する手段および国際紛争を解決する方法としての戦争を否認する。イタリアは，他国と等しい条件の下で，各国の間に平和と正義を確保する制度に必要な主権の制限に同意する。イタリアは，この目的を目指す国際組織を推進し，助成する。
ドイツ	ドイツ連邦共和国基本法（1949 年施行，現行憲法）第 24 条（抜粋） 連邦は，法律によって主権的権利を国際機関に委譲することができる。 2　連邦は，平和を維持するために，相互集団安全保障制度に加入することができる。その場合，連邦は，ヨーロッパ及び世界諸国民間に平和的で永続的な秩序をもたらし，かつ，確保するような主権的権利の制限に同意する。

Chapter 25

国際機構

阿部悠貴

> ## なぜ国連は作られたか

　国際連合（国連）（1945 年設立）はその憲章にて「二度まで言語に絶する悲哀を人類に与えた戦争の惨害」の反省を踏まえ，国際の平和と安全の維持を目的に創設されたことを謳っている。この普遍主義的な理念のもと，国連は平和に対する脅威を国家間の協力で対処する集団安全保障体制を整備したのであった。しかしその一方，国連の決定は安全保障理事会で拒否権を持つ常任理事国の意向に左右されるように，極めて大国主義的な性格を有している。普遍主義と大国主義が同居する国連とはどのような組織なのであろうか。そもそも国連は何を意図して作られたのだろうか。

研究動向

　国連は無力であるとよくいわれる。実際，国連は強制力を保持しているわけではなく，安全保障理事会の常任理事国が拒否権を行使すれば何もすることができない。しかし，国連の決議，理念に反する国を目の当たりにすると，厳しい批判が向けられるのはなぜだろうか。国連が本当に無力であるならば，誰もそうした行為を咎めることはないはずである。それは国連が国際政治における正統性（legitimacy）の基準として見なされているからではないだろうか。

　国連が国際的な正統性の基準として機能していることは，古くはイニス・クロード（Claude 1966），比較的最近ではイアン・ハード（Hurd 2007），カタリーナ・コールマン（Coleman 2007）などによって考察されている。

　なかでもハードは各国が国連の理念を用いて自らの主張を正統化（legitimize）してきたと論じている。彼はこのことを明らかにするために，リビアが自らに課せられた経済制裁を解除させるためにどのような行動を取ったかを検討している。リビアは 1988 年に起きたパンアメリカン航空機の爆破事件に関与していたことから国

連安全保障理事会によって経済制裁を課された。その後，態度を軟化させ，事件の責任を認めるだけではなく，遺族への賠償金支払いにも応じたが，それでもリビアに対する制裁は継続し，一国の力で覆すことは難しかった。そこでリビアが取った手法はすでに謝罪し，賠償金も支払った国に経済制裁を続けることがいかに不当であるか，いかに国連憲章の理念に反するかと訴えることであった。リビアは国連の理念を利用することで自らの正しさを示し，それにより賛同者を増やしていき，制裁の継続を訴えるアメリカ，イギリスの不当さを主張していくのであった。立場の弱い国であっても国連の理念を援用することで自らの正統性を唱え，強者に対峙することが可能となったのである。

　このことは大国にも当てはまるとハードはいう。アメリカは 2003 年に国連安全保障理事会から武力行使の許可を得ずにイラクへの攻撃を開始した。しかしアメリカは開戦理由を（イラクの核兵器保有疑惑に対し無条件の査察を求めた）安全保障理事会決議第 1441 号（2002 年）にイラクが違反したことによるものと説明し，それゆえ自らの行動は法的妥当性を備えていると主張していた。そもそも国連を通す必要はないと考えているのであれば，このような声明を出すことはなかったであろう。国連の決定に則したものであると示すことで自らの正しさを訴えることができるので，こうした発言を行ったとハードは論じている。

　この研究を踏まえるならば，国連は国際政治における正統性の根拠という，普遍主義的な性格を持つ国際機関であると考えられる。しかし国連は当初からこのような機能を想定して設立されたといえば，そうではないであろう。むしろ安全保障理事会にて常任理事国が拒否権を持つことに代表されるように，大国主義を色濃く反映して作られた組織として説明されることのほうが多い（加藤 2000）。

　国連はいかなる意図を持って形成されたのか。そして国連の前身であり，集団安全保障体制を構築した最初の試みである国際連盟（1920 年設立）は誰が，どのように構想したのであろうか（国際連盟に関する歴史研究は帶谷 2019；篠原 2010；マゾワー 2015 参照）。このことを改めて検討することで，国際政治における国連の特徴がより明確になると考える。

文献解題

> マゾワー , M.『国連と帝国──世界秩序をめぐる攻防の 20 世紀』池田年穂 (訳),
> 慶應義塾大学出版会, 2015 年。

　国際連盟, ならびに国連はいかにして形成されたのか。本書の著者マーク・マゾワーはこれまでの研究ではアメリカのウッドロウ・ウィルソン大統領, フランクリン・ローズベルト大統領の役割がそれぞれ注目されてきたが, 19 世紀の大国であるイギリスの帝国主義信奉者が寄与した点が軽視されていると述べる (14 頁)。そして, 衰退するイギリス帝国の影響力を憂慮する彼らこそがその設立に尽力したという議論を展開する。本書はこの意外な点に着目し, イギリス帝国主義信奉者の「世界秩序」についての思想を読み解きながら国際連盟, 国連の設立を歴史的文脈に沿って明らかにする手法を取っている。

　その人物の一人がイギリス自治領の南アフリカ連邦 (当時) で首相を歴任したヤン・スマッツである。彼は国際連盟の誕生に貢献し, また国連の設立においては憲章の前文を起草した人物である。スマッツは「未開状態と獣のような蛮行の重荷」から植民地住民を解放し, 「秩序ある文明の光明と恩恵」(71 頁) に至る手助けをすることが白人の使命であると考えていた。(全体は個々の要素に還元できない特性を備えるという)「ホーリズム」の概念を提唱した哲学者でもある彼は, イギリス帝国が「独立するには不十分な諸民族」を指導することで, 個々の国家の総和を越えた「地球社会」全体の進歩が可能になると考えていた (64 頁)。

　本書が取り上げるもう一人の人物は 20 世紀初頭の国際政治学者で, イギリス外務省にも勤務した経験を持つアルフレッド・ジマーンである。彼もスマッツと同様, 植民地における「後進人種」(86 頁) が独立することは不可能と見ていた。彼はウィルソン大統領が提唱した「民族自決」を「ナイーブすぎる」と評し (88 頁), イギリス帝国の庇護の下でこそ「文明化された統治」(90 頁) が可能になると唱えていた。

　スマッツやジマーンが危惧していたのはイギリス帝国の衰退であった。イギリスが世界規模での帝国を維持できなくなれば, 文明国の使命を果たすことは不可能

になり，国際秩序が崩壊し始めることになる。これを防ぐために彼らはイギリスと
「同じ生活倫理を有し，同じ政治哲学を持つ」（64頁）アメリカが協力して世界規
模の「連盟」を形成し，それに「弱体な民族」が加わることで文明の恩恵を享受で
き，国際秩序が維持されると考えていた。その世界規模での「連盟」こそが国際連
盟，ならびに国連であり，この中でイギリス帝国を再編することを意図していたの
である。国際連盟，国連はともに大国主義に基づく統治を目指すものだったのであ
る。

　しかし，イギリス帝国主義信奉者の構想は狙い通りに実現したわけではなかった。
特に第二次世界大戦後の時代がこれまでと異なっていたのは，ヨーロッパ諸国の地
位が低下し，アジア，アフリカにて反植民地主義を掲げる第三世界勢力が台頭した
ことである。例えばインドの首相であるジャワハルラール・ネルーは完全独立を勝
ち取るために国連で動議を提出し続け，国連総会を反植民地主義の「国際的フォー
ラム」（166頁）へと変えていくのであった。国連憲章に体現された「進歩」や「平
和」といった理念を「第三世界のナショナリストたちはその普遍主義的な修辞を額
面どおりに受け取り」（202頁），反植民地主義の国際世論を形成していったのであ
る。これを見たアメリカはイギリスを助けることはなく，冷戦対立が激化する中，
アジア・アフリカ諸国を自陣営に取り込もうと反植民地主義に賛同していくのであ
った。こうしてスマッツやジマーンが思い描いた構想は「ひどく時代にそぐわない
もの」（170頁）になっていった。

　本書は上述したハードの議論に言及しているわけではないが，なぜ立場の弱い国
家が自らの主張を通すことに成功したのかを明らかにしている。本書が指摘するよ
うに，国連憲章の格調高い前文は，実は帝国主義信奉者のスマッツによって執筆さ
れたものであった。しかしアジア・アフリカ諸国はその文面にある崇高な理念を彼
らの視点から解釈し，そこに独立，主権平等，反植民地主義の理想を読み取ってい
ったのである。数で勝るこれらの国は国連の理念を用いることで支持を広げ，逆に
人種隔離政策（アパルトヘイト）に拘泥する（スマッツが首相を務める）南アフリ
カ連邦を「国際的な除け者」（166頁）にしていくのであった。

　新しい構想は突然生まれるというよりも，従来の思想，慣習を濃く反映して登
場すると考える方が自然である。国際連盟，国連もそうであり，帝国の衰退に危機
感を覚えるイギリスの強い働きかけが背後に存在していたのである。しかし，アジ
ア・アフリカ諸国がその理念を自らの正統性の拠り所としたことにより，その普遍
主義的性格が確立されたのであった。本書のタイトルの副題が示すように，国連の

歴史には大国主義と普遍主義という「世界秩序をめぐる攻防」が刻印されているのである。

引用・参考文献

帯谷俊輔『国際連盟――国際機構の普遍性と地域性』東京大学出版会，2019 年。
加藤俊作『国際連合成立史――国連はどのようにしてつくられたか』有信堂高文社，2000 年。
篠原初枝『国際連盟――世界平和への夢と挫折』中央公論新社，2010 年。
西原正・武田康裕「国際安全保障体制論」防衛大学校安全保障学研究会（編）『新訂第 4 版――安全保障学入門』亜紀書房，2009 年，pp. 57-86.
マゾワー, M.『国際協調の先駆者たち――理想と現実の 200 年』依田卓巳（訳），NTT 出版，2015 年。
Claude, Jr., I. L., "Collective Legitimization as a Political Function of the United Nations," *International Organization*, 20(3), 1966, 367-379.
Coleman, K. P., *International Organisations and Peace Enforcement: The Politics of International Legitimacy*, Cambridge: Cambridge University Press, 2007.
Hurd, I., *After Anarchy: Legitimacy and Power in the United Nations Security Council*, Princeton, NJ: Princeton University Press, 2007.

参考資料

表 25-1　国際連合憲章　第 5 条　安全保障理事会（抜粋）

第 23 条　1.　安全保障理事会は，15 の国際連合加盟国で構成する。中華民国，フランス，ソヴィエト社会主義共和国連邦，グレート・ブリテン及び北部アイルランド連合王国及びアメリカ合衆国は，安全保障理事会の常任理事国となる。総会は，第一に国際の平和及び安全の維持とこの機構のその他の目的とに対する国際連合加盟国の貢献に，更に衡平な地理的分配に特に妥当な考慮を払って，安全保障理事会の非常任理事国となる他の 10 の国際連合加盟国を選挙する。

第 25 条　国際連合加盟国は，安全保障理事会の決定をこの憲章に従って受諾し且つ履行することに同意する。

第 27 条　1.　安全保障理事会の各理事国は，1 個の投票権を有する。

2.　手続事項に関する安全保障理事会の決定は，9 理事国の賛成投票によって行われる。

3.　その他のすべての事項に関する安全保障理事会の決定は，常任理事国の同意投票を含む 9 理事国の賛成投票によって行われる。但し，第 6 章及び第 52 条 3 に基く決定については，紛争当事国は，投票を棄権しなければならない。

　集団安全保障体制とは「一定の国家集団において，不当に武力を行使する集団内の一国に対し，他のすべての諸国が力を結集して平和を維持・回復するための強制措置をとる体制」と説明される（西原・武田 2009: 68）。

　この国家集団内では武力行使が違法であると合意されていることが必要である。例えば国連は憲章の第1条1項にて「国際の平和及び安全を維持すること」を目的とし，第2条4項にて「武力による威嚇又は武力の行使」を禁止している。

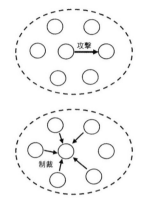

　しかし，このような取り決めを前提とした集団であっても，現実には武力が用いられることがあるかもしれない。

　このとき，各国はこの行為が違法なものであることを確認し，協力して停止させる。
　例えば国連では
・安全保障理事会が憲章第7章に基づき「平和に対する脅威」を認定する。
・加盟国に軍事力を用いた強制措置を取ることを許可できる。
・安全保障理事会の15カ国中9カ国の賛成で可決される。
・ただし常任理事国が拒否権を行使しないことが条件となる。

図 25-1　集団安全保障体制（西原・武田（2009）に基づき著者作成）

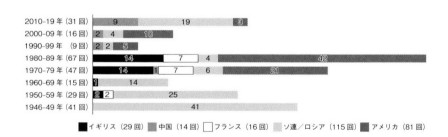

拒否権の行使回数の合計：255回（一つの議題に複数国が拒否権を行使した例もあるため，議題数の合計はそれより少ない207件）
1971年10月までは中華民国，以降は中華人民共和国

図 25-2　安全保障理事会の拒否権の行使
（Dag Hammarskjold Library のデータに基づき著者作成
〈https://research.un.org/en/docs/sc/quick（確認：2020年9月1日）〉）

大量破壊兵器の不拡散体制

今田奈帆美

不平等な核不拡散条約はなぜ存続するのか

　冷戦後，とりわけ湾岸戦争を契機として，軍備管理・軍縮の焦点は核兵器，化学兵器，生物兵器，さらには弾道ミサイルを含めた大量破壊兵器の不拡散に移った。これは湾岸戦争後に，イラクが大量破壊兵器の開発を進めていたことが明らかになったためであり，大量破壊兵器開発を進める他の国に対する懸念が高まったためであった。これに対する国際社会の対応は，大量破壊兵器の不拡散体制を構築，強化することであった。現在，不拡散体制の柱となっているのは核不拡散条約（NPT），化学兵器禁止条約，生物兵器禁止条約である。また，先進国を中心とするミサイル技術管理体制（MTCR）によって，運搬手段となるミサイルおよびその開発に寄与しうる汎用品や技術の輸出が規制されている。本章ではこのうち NPT を題材として，不平等性という不拡散体制の顕著な特徴を洗い出し，なぜ存続するのかを検討してみたい。なお，他の兵器については本章後半で取り上げる納家・梅本の書籍でも論じているので参照してほしい。

研究動向

　NPT は 1968 年に調印され，1970 年に発効した。同条約では 1967 年 1 月 1 日の時点ですでに核兵器を保有している国を「核兵器国」，それ以外の加盟国を「非核兵器国」として区別し，それぞれに一定の義務を課して核兵器の拡散防止を図っている（小川 1996）。まず核兵器国に対しては，「核兵器その他の核爆発装置またはその管理」をいかなる者にも譲渡しないことを義務付けており（第 1 条），同時に核軍縮に向けて「誠実に核軍縮交渉を行う義務」が定められている（第 6 条）。非核兵器国に対しては，核兵器およびその他の核爆発装置を製造，取得しないことが義務付けられている（第 2 条）。ただし，核エネルギーの平和利用については国際原子力機関（IAEA）による保障措置（査察）の受け入れを条件として条約締結国の権利として

認められている（第4条）。

　この結果，米ソ（ロ）英仏中の5ヵ国のみが条約上認められた核保有国となり，その他の加盟国の核兵器の開発と保有は禁じられた。1967年1月1日という必然性のない日付によって加盟国は核保有国と非核保有国に分けられ，その権利には不平等性が生じた。非核保有国は将来に渡って核兵器という自国の安全に資する重大なオプションを放棄させられ，加えて保障措置を義務付けられたことで原子力の平和利用においても重大な制約が課せられている。そのために，このようなNPTの不平等性に異議を唱え，インドやパキスタンが現在も未加盟のまま核開発を進めていることには留意すべきである（岩田2010）。

　では，なぜ加盟国はこのように不平等な条約を受け入れたのか。端的にいえば，NPTの前文で述べられているように「核兵器の拡散は核戦争の危険を増大させる」ことが広く認知され，NPTの国際公共財としての意義が評価されたためである。重要であったのは，NPTが核兵器国を5ヵ国に凍結し，それ以上の増大を阻止することであった。米国が1945年に核開発に成功した後，ソ連（1949年），イギリス（1952年），フランス（1960年），さらに中国（1964年）が核実験を行った。このような状況が続けば1970年代には核保有国は25ヵ国程度まで増加すると予測され，核拡散は国際社会の懸念材料となった。その結果，核保有国数の凍結が国際社会の安定を維持するうえで有益であるという認識が共有され，不拡散のための初めてのグローバルな条約としてNPTが普遍性を持つことになったのである（Bull 1975）。

　また，NPTによって近隣国が突如として核保有国として現れることがなくなった。これは非核兵器国にとっても核開発の誘因が生まれないことになり，自国の安全保障に資すると考えられた。加えて，NPTは新たな核保有国が出現する可能性を低減させることによって，核保有国が核軍縮に乗り出す基盤を作り出した。この点への期待が核保有国との同盟関係を持たないアジア・アフリカの非同盟諸国にとって重要な動機となった（秋山2012，2015；浅田2008）。非核保有国は核開発の権利を放棄することと引き換えに，核軍縮交渉の義務を核保有国に課すことによって，両者の義務のバランスを取ろうとしたのである。

　しかし，NPTによって核不拡散が確保される一方で核軍縮が進まないことについては，5年ごとに開催されるNPT再検討会議における核保有国と非核保有国の対立の大きな原因であった（黒沢1986）。非核保有国側は核不拡散と核軍縮はNPTの基本的な権利・義務であって，軍縮義務をないがしろにして核不拡散だけを追求することは許されないとの議論を展開した。その成果といえるのが，1995年の

NPT 延長会議における付帯決定において，NPT に基づく核軍縮の義務を明確にしたことであった（阿部 2008）。NPT では条約の発効から 25 年後に条約の延長を決定する会議を開催することが定められており，この会議で延長の期間と形式が決められることになっていた。会議においては当初から NPT の無期限延長への支持が集まったものの，決定は「条約の運用検討プロセスの強化」と「核不拡散と核軍縮のための原則と目標」とともに下された。無期限延長と核不拡散・核軍縮の進展および運用検討機能の強化を結びつける方式がとられたのである（浅田 1995）。これらの決定は包括的核実験禁止条約（CTBT）の成立や兵器用核分裂性物質生産禁止条約（カットオフ条約）交渉開始などにつながっている。

文献解題

> 納家政嗣・梅本哲也（編）『大量破壊兵器不拡散の国際政治学』有信堂高文社，
> 2000 年。

　本書は初めに，不拡散体制は強化され続けているものの，体制への挑戦が続いていることで手詰まりに陥る兆しも見られるにもかかわらず，なぜ不拡散の制度化が進展したのか，また今後体制をどこまで強化できるのか，どのような努力が必要なのかを問いかけ，「不拡散という考え方そのものを問い直す」ことを目的とすることを明らかにしている。法的には主権平等を原則とする国際社会において，不平等性を含む不拡散体制が今日ほど進展するのは「異例」であるためである。

　このような問いを念頭に，第 1 部の総説では不拡散の思想を軍備縮小論，戦争法，軍備管理に整理し，核不拡散体制をこれら三つの思想から分析したうえで，旧植民地諸国の独立に伴う国家数の増大と冷戦終結，近年の体制強化が不拡散体制に与えた影響を論じることで，不拡散体制の歴史的曲折を概観している。そのうえで国際レジームとしての核不拡散体制をリアリズム，リベラリズム，コンストラクティビズムの観点から論じ，不平等性の「存在根拠」として，それぞれの理論的枠組みから導かれる国力の分布，利益の構造，信条の変容の三つが排他的なものではなくむしろ補完的に体制を支えていることを理論的に検討している。

　これらの総説のあと，第 2 部で兵器に焦点を当てて核兵器，化学兵器，生物兵器，

弾道ミサイルの不拡散枠組みと体制強化のための課題を論じ，第3部では朝鮮半島，南アジア，中東における地域的な拡散問題を分析し，非核地帯も取り上げている。

　最後に総括として各論を踏まえ，本書は不拡散体制の将来に焦点を絞り3点を指摘している。第一に，核兵器の不拡散体制の国際規範としての普遍化は，体制が包摂する不平等性が緩和されて行かない限り，動揺しかねない。その防止のためには核保有国による核軍縮などが緊要である。第二に，NPT，化学兵器禁止条約，生物兵器禁止条約の普遍性を高めるには，地域の状況に即した対策が効果を上げることが必要である。そのためには各地域の安全保障状況の改善が欠かせない。第三に，不拡散枠組みの中でも輸出規制に関するものは，先進国などによる輸出カルテルという性格から普遍的な正当性を得るのが難しい。正当性を確保するには既存の条約との関連付けや新たな条約の構想が必要である。加えて，編者は非国家主体による大量破壊兵器の製造，取得を阻止するためには国家間の連携強化が必要であると訴える。そのためにはこれまで以上に国際規範が強化され，受け入れられること，権力政治がこれを促進する性質を持つことが必要であるとしている。

　本書が指摘するように，大量破壊兵器の不拡散は冷戦後の国際政治の特徴の一つとなっているものの，世界的，地域的な権力政治と国際規範の間で辛うじて持続しているのであり，「不可逆」とは言い難い。NPTは現在，国連に次ぐ191か国が加盟する普遍的な条約となっているものの，課題がないわけではない。条約の不平等性に反発したインドはNPTの交渉過程で撤退し，対立を抱えるパキスタンとともに現在も加盟していない。また，事実上の核保有国とみなされているイスラエルも非加盟である。冷戦後にはインドとパキスタンが核実験を行い，2000年代には北朝鮮が脱退して核実験に成功，核拡散が現実のものになったほか，イランにも核開発疑惑が浮上した。近年の問題については岩田や秋山の前掲書に詳しい。ぜひ参照してほしい。

引用・参考文献

秋山信将『核不拡散をめぐる国際政治——規範の遵守，秩序の変容』有信堂高文社，2012年。
秋山信将（編）『NPT——核のグローバル・ガバナンス』岩波書店，2015年。
浅田雅彦「NPT延長会議における無期限延長の決定」『岡山大学法学会雑誌』45(1)，1995年，457-590.
浅田雅彦「NPT体制の動揺と国際法」浅田雅彦・戸崎洋二（編）『核軍縮不拡散の法と政治——黒沢満先生退職記念』信山社，2008年，pp. 3-40.
阿部信泰「核軍縮・不拡散問題における国際機関の役割と課題」浅田雅彦・戸崎洋二（編）『核軍縮不拡散の法と政治——黒沢満先生退職記念』信山社，2008年，pp. 63-87.
岩田修一郎『核拡散の論理——主権と国益をめぐる国家の攻防』勁草書房，2010年。

小川伸一『「核」軍備管理・軍縮のゆくえ』芦書房，1996 年。
黒沢　満『軍縮国際法の新しい視座——核兵器不拡散体制の研究』有信堂高文社，1986 年。
Bull, H., "Rethinking Non-Proliferation," *International Affairs*, 51(2), 1975, 175–189.
Davis, Z. S., & Frankel, B., eds., *The Proliferation Puzzle: Why Nuclear Weapons Spread and What Results*, London: Routledge, 1993.
Debs, A., *Nuclear Politics: The Strategic Causes of Proliferation*, Cambridge: Cambridge University Press, 2016.
Doyle J., ed., *Nuclear Safeguards, Security, and Nonproliferation Achieving Security with Technology and Policy*, Oxford: Butterworth-Heinemann, 2019.

参考資料

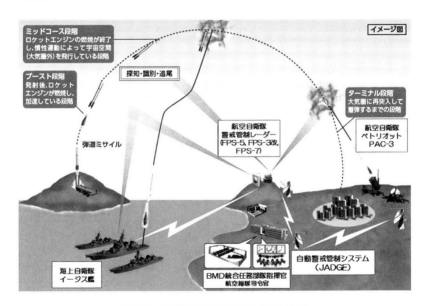

図 26-1　我が国のミサイル防衛（MD）体制
（防衛省 HP「ミサイル防衛について」
〈https://www.mod.go.jp/j/approach/defense/bmd/（確認：2021 年 1 月 13 日)〉）

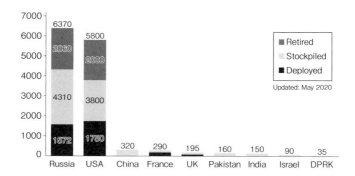

図 26-2　各国の核弾頭保有数（2020 年）

〔Kristensen, H. M., Korda, M., & Norris, R., "Status of World Nuclear Forces," Federation of American Scientists〈https://fas.org/issues/nuclear-weapons/status-world-nuclear-forces/（確認：2021 年 2 月 8 日）〉〕

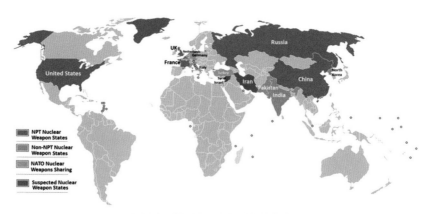

図 26-3　世界の核保有国，核保有疑惑国

〔ResearchGate〈https://www.researchgate.net/figure/Map-of-countries-with-nuclear-weapons-NPT-nuclear-nonproliferation-treaty-Source_fig3_43535855（確認：2021 年 2 月 8 日）〉〕

Chapter 27

平和維持活動

長谷川 晋

> 国連 PKO はどのように強化されてきたか

　本章では，冷戦後の国連平和維持活動（UN Peacekeeping Operations，以下国連 PKO）に生じた大きな変化について取り上げ，国連 PKO を取り巻く最新の情勢について，研究の参考となる文献紹介を行う。国連 PKO はどのように変化し，またそうした変化の背景にはどのような事情があったのかを解説する。

研究動向

　第二次世界大戦後，集団安全保障を機能させる「牙」としての国連軍が米ソ対立により実現しない中で，いわば苦肉の策として生まれてきた国連 PKO が，1988 年にはノーベル平和賞を受賞するまでに国際社会から認知され，いまや国連の平和活動の中心的な存在となった。

　とはいえ，激しい米ソ対立が繰り広げられた冷戦期の国連 PKO にできることは極めて限られていた。複数の国家やそれに準ずる組織が争っている状況で，一時的に停戦合意が成立した後に，兵力引き離しと停戦監視を主たる任務として展開するのが国連 PKO であった。国連 PKO の展開については，①全ての紛争当事者の同意，②どの勢力にも肩入れしない中立原則，③自衛のための必要最小限の武装（いわゆる国連 PKO 三原則）の遵守が求められた。いわば「戦わざる軍隊」として外交交渉が可能となるような環境を生み出すことが目的で，紛争の根本的な解決を期待された部隊ではなかった（井上 2018）。もともと集団安全保障体制における軍事的な強制措置の主体として構想されていた国連軍が冷戦で実現できなくなり，米ソの戦略的安定に影響を及ぼさない範囲内でのみ認められた軍事的な活動であった。

　こうした冷戦期の制約された国連 PKO が大きく転換するのは，冷戦終結後のことである。米ソ対立の故に機能不全に陥った安全保障理事会が，国連設立時に本来想定されていた役割を担うことを期待されるようになったからであった。

　その後の国連 PKO の変化は，大きく四つの時期に分類できる。井上の分類に従えば，質・量ともに大きく変貌を遂げるものの数々の挫折を経験した混迷期（1992 ～ 1996 年頃），混迷期の教訓を経て新たな方向性を見出す転換期（1997 ～ 2001 年頃），定まった新しい方向性が次々と実践に移されていく進展期（2002 ～ 2006 年頃），そして現在（2007 年頃～）である（井上 2011）。

　まず混迷期においては，国連 PKO は大きな挫折を経験する。1993 年，ソマリアでは国連憲章第 7 章に基づき反乱勢力の無力化まで任務に加えられたいわゆる「平和強制（peace enforcement）」型の国連 PKO（UNOSOM II）が紛争当事者化し，PKO 要員と PKO と行動を共にしていた米軍から多くの犠牲者が出た。この事件の反動により，アフリカの紛争解決のために自国の軍隊から国連 PKO に要員を派遣しようとする国はほとんどいなくなってしまった。翌 1994 年に同じアフリカのルワンダで起こった大虐殺の際，現地に国連 PKO（UNAMIR）が展開していたにもかかわらず，PKO は虐殺を防ぐことも止めることもできなかった（ダレール 2012）。さらに 1995 年には，「文民の保護（protection of civilians: PoC）」が任務に含まれていたボスニアの国連 PKO（UNPROFOR）の要員がセルビア人武装勢力の襲撃を受けて拘束され，PKO が設定していた安全保護区内で保護されていたボシュニャク人（ムスリム）住民約 8,000 人が虐殺されるという事態が起こった。いわゆるスレブレニツァの虐殺である（長 2009）。ルワンダでもボスニアでも国連 PKO は一般市民の虐殺に対して何もできなかったことが強く非難され，その存在意義をめぐって論争が巻き起こることになった。これらの事件に伴う国連の権威失墜により，1993 年には 8 万人近くまで膨らんでいた国連 PKO の要員数は，1997 年には 1 万 5 千人弱にまで激減した（井上 2018）。

　大きな挫折を経た後も，国連 PKO が文民の保護のために何をどこまでできるかという議論は続いた。大きな転換点となったのが，1999 年にシエラレオネに派遣された国連 PKO（UNAMSIL）である。この PKO は活動全体が憲章 7 章下に置かれ，要員の安全確保や一般市民の保護のために自衛を超える一定の武力行使を認められていた。また，東ティモールにおいても，多国籍軍の任務を引き継いだ国連 PKO（UNTAET）が憲章 7 章下に置かれ，任務遂行のために「必要なあらゆる手段を用いることを許可」された（井上 2011）。その後の進展期において，シエラレオネや東ティモールの PKO を先例として，憲章 7 章下の任務を付与された PKO が主としてアフリカで相次いで設立された。リベリア，コートジボワール，ハイチ，ブルンジ，スーダンに派遣された国連 PKO がこれに当たる。2000 年代以降の国連 PKO

では，「文民の保護」が任務に加えられることが定着した。1990 年代前半の苦い経験でいったんは下火になった国連 PKO の活動は，「無辜の一般市民をもう二度と見殺しにはしない」という強い意志を確認しつつ再編されていったのである。

　こうした新しい方向性を受け，2000 年代後半には伝統的な国連 PKO が遵守してきた三原則も修正されるようになった（篠田 2018）。国際紛争のほぼ全てがいまや内戦となり，国家間戦争を前提とした冷戦期の国連 PKO は，もはや冷戦後の紛争の現実にそぐわなくなっていた。イスラム国やアルカイダなど国際テロ組織のような紛争当事者から国連 PKO への同意を取り付けることも，また国際人道法に反する行為を行う武装勢力に対して中立性を維持することも，さらに安保理決議に基づく任務を妨害する勢力に対して，「自衛を超える」という理由で武力行使を躊躇することも，もはや現実的ではない。現在の国連 PKO では，自衛に加えて任務防衛のための武力行使も認められるケースがほとんどである。2010 年に設立されたコンゴの国連 PKO（MONUSCO）では，それまで禁じ手とされてきた，反乱武装勢力を無力化（neutralize）する「介入旅団（UN Force Intervention Brigade: FIB）」の導入も実現した（井上 2018）。これを平和強制の復活と見る議論もある（酒井 2016）。

　ただ，かつてソマリアで失敗した平和強制を復活させることに対しては，国連は依然として慎重である。どのような基準で国連 PKO の武力行使を認めるかをめぐっては，現在でも様々な意見が対立しており，いまだ合意には至っていない。ただ，章末の図が示すように，冷戦後の任務の拡大に伴い国連以外の様々なアクターとの連携・協力・統合が進み，そうした国際平和活動全体の中で国連 PKO が中心にいて，時間軸の点からも活動領域の点からも橋渡し的な役割を果たしていることは間違いない（本多 2017）。

文献解題

石塚勝美『国連 PKO と国際政治──理論と実践』創成社，2011 年。

　2000 年以降に拡大・深化した，いわゆる「積極化した（robust）PKO」まで射程に含めた体系的な邦語の学術文献は少ない。その中で，国際政治理論における現実主義と理想主義の議論と，近年の国連 PKO の変化を関連付けようとする本書の構成はユニークなものである。第 1 部の理論編「国際政治理論について」（第 1・2 章）では，現実主義と理想主義の対比を簡潔に説明した上で，主権の壁を超えて国際社会が各国内の紛争に介入することの是非を論じる際にその土台となってきた

くつかの概念，すなわち「人間の安全保障」「人道的介入」「保護する責任」を理想主義の系譜に位置づけようと試みている。続く第2部の「国連PKOへのアプローチ」（第3～7章）では，国際政治理論と国連PKOにおける実践の橋渡しを試みている。

　近年の国連PKOの拡大・深化に直接関わる中核的な章は第4章の「PKOの歴史と課題点の変遷」と，第7章の「平和維持活動（peacekeeping）から平和構築（peace-building）へ：人的側面を尊重した理想主義への取り組み」である。第4章で筆者は国連憲章第7章に基づく国連PKOを「平和執行部隊」としている（p.80）。しかし，国連事務局が国連PKOの新しい原則と指針について2008年にまとめた，いわゆる「キャップストーン・ドクトリン」では，憲章第7章に基づく「任務の防衛」のための武力行使と平和強制を混同してはならないと強調されている（篠田2018）。このように概念の定義・分類については多少曖昧さが残るものの，冷戦期から「積極化したPKO」に至るまでの国連PKOの変遷をわかりやすくたどっている。ポスト冷戦期のPKOの課題として，①平和執行部隊に必要な訓練や装備の欠如，②地域機構との協力関係，③対テロ戦争の中での多国籍軍との協力関係，④国連の能力を超えるPKOの過剰展開と部隊派遣国が一部の国々に偏っていること，が挙げられている。また第7章では「新しい国づくり」としての平和構築において PKOの過度な介入が現地のオーナーシップ（主体性）とPKOへの信頼性を阻害する恐れがあることが指摘されている。これらの課題のどれもが単独で重要なテーマであり，今後も更なる研究が進んでいく研究領域であろう。

引用・参考文献

井上実佳「1990年代以降の国連平和維持活動の変遷――国連憲章第7章下の任務に着目して」『修道法学』33(2)，2011年，103-125.
井上実佳「国際平和活動の歴史と変遷」上杉勇司・藤重博美（編）『国際平和協力入門――国際社会への貢献と日本の課題』ミネルヴァ書房，2018年，pp. 21-39.
長有紀枝『スレブレニツァ――あるジェノサイドをめぐる考察』東信堂，2009年。
酒井啓亘「国連平和活動と日本の国際平和協力の今後――「9条―PKO活動原則体制」の下での課題」『国際問題』654，2016年，17-28.
篠田英朗「国際平和活動をめぐる概念の展開」上杉勇司・藤重博美（編）『国際平和協力入門――国際社会への貢献と日本の課題』ミネルヴァ書房，2018年，pp. 42-62.
ダレール，R.『なぜ，世界はルワンダを救えなかったのか――PKO司令官の手記』金田耕一（訳），風行社，2012年。
本多倫彬『平和構築の模索――「自衛隊PKO派遣」の挑戦と帰結』内外出版，2017年。

参考資料

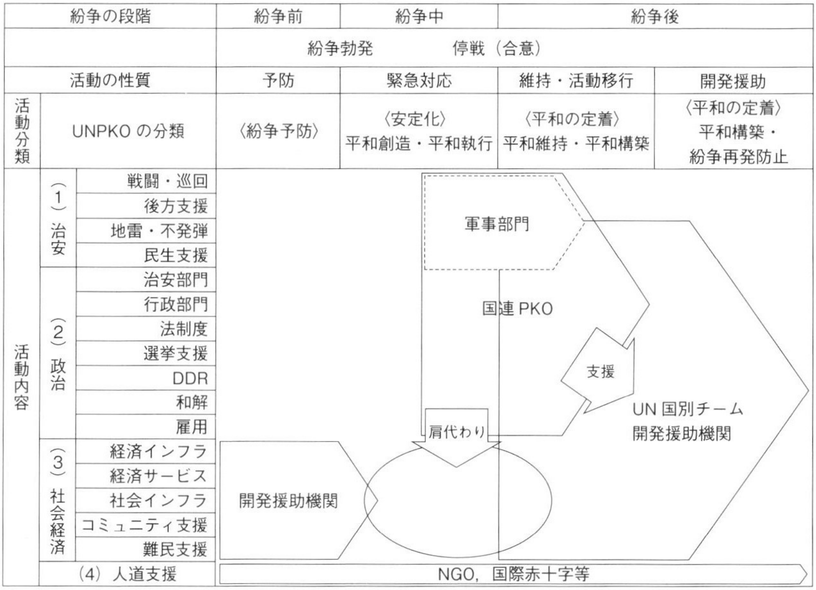

紛争の段階
紛争前
紛争中
紛争後
紛争勃発
停戦（合意）
活動の性質
予防
緊急対応
維持・活動移行
開発援助
活動分類
UNPKO の分類
〈紛争予防〉
〈安定化〉
平和創造・平和執行
〈平和の定着〉
平和維持・平和構築
〈平和の定着〉
平和構築・
紛争再発防止
活動内容
（1）治安
戦闘・巡回
後方支援
地雷・不発弾
民生支援
（2）政治
治安部門
行政部門
法制度
選挙支援
DDR
和解
雇用
（3）社会経済
経済インフラ
経済サービス
社会インフラ
コミュニティ支援
難民支援
（4）人道支援
軍事部門
国連 PKO
支援
UN 国別チーム
開発援助機関
肩代わり
開発援助機関
NGO，国際赤十字等

図 27-1　国際平和活動における国連 PKO の役割（本多 2017：95）

表 27-1　国際連合憲章　第 6 章　紛争の平和的解決（抜粋）

第 33 条　1．いかなる紛争でもその継続が国際の平和及び安全の維持を危くする虞のあるものについては，その当事者は，まず第一に，交渉，審査，仲介，調停，仲裁裁判，司法的解決，地域的機関又は地域的取極の利用その他当事者が選ぶ平和的手段による解決を求めなければならない。

表 27-2　国際連合憲章　第 7 章　平和に対する脅威，平和の破壊及び侵略行為に関する行動 （抜粋）

第 39 条　安全保障理事会は，平和に対する脅威，平和の破壊又は侵略行為の存在を決定し，並び
　　に，国際の平和及び安全を維持し又は回復するために，勧告をし，又は第 41 条及び第 42 条
　　に従っていかなる措置をとるかを決定する。

第 41 条　安全保障理事会は，その決定を実施するために，兵力の使用を伴わないいかなる措置
　　を使用すべきかを決定することができ，且つ，この措置を適用するように国際連合加盟国に要
　　請することができる。この措置は，経済関係及び鉄道，航海，航空，郵便，電信，無線通信そ
　　の他の運輸通信の手段の全部又は一部の中断並びに外交関係の断絶を含むことができる。

第 42 条　安全保障理事会は，第 41 条に定める措置では不充分であろうと認め，又は不充分なこ
　　とが判明したと認めるときは，国際の平和及び安全の維持又は回復に必要な空軍，海軍又は陸
　　軍の行動をとることができる。この行動は，国際連合加盟国の空軍，海軍又は陸軍による示威，
　　封鎖その他の行動を含むことができる。

第 43 条　1．国際の平和及び安全の維持に貢献するため，すべての国際連合加盟国は，安全保障
　　理事会の要請に基き且つ 1 又は 2 以上の特別協定に従って，国際の平和及び安全の維持に必
　　要な兵力，援助及び便益を安全保障理事会に利用させることを約束する。この便益には，通過
　　の権利が含まれる。

第 51 条　この憲章のいかなる規定も，国際連合加盟国に対して武力攻撃が発生した場合には，
　　安全保障理事会が国際の平和及び安全の維持に必要な措置をとるまでの間，個別的又は集団的
　　自衛の固有の権利を害するものではない。この自衛権の行使に当って加盟国がとった措置は，
　　直ちに安全保障理事会に報告しなければならない。また，この措置は，安全保障理事会が国際
　　の平和及び安全の維持又は回復のために必要と認める行動をいつでもとるこの憲章に基く権
　　能及び責任に対しては，いかなる影響も及ぼすものではない。

Chapter 28 治安部門改革

長谷川 晋

紛争後の国家建設において治安部門改革が重要なのはなぜか

　紛争後の国家建設の中で最も重視されているのが，治安に関わる組織（軍，警察，司法機関など）の建て直しである。このいわゆる治安部門改革（security sector reform: SSR）がなぜ今注目を集めているのか。SSRが重要であることへの異論がないにもかかわらず，なぜ成功事例が少ないのか。SSRが今どのような難しい課題に直面していて，その克服のためにどのような議論や取り組みがされているのかを本章では紹介していく。

研究動向

　冷戦後の1992年に当時の国連事務総長ブトロス・ブトロス=ガリが出した報告『平和への課題』以来，紛争当事者の兵力引き離しと停戦監視を中心とする「平和維持」にとどまらず，長期的に紛争地域の平和と復興・開発に取り組む「平和構築」への注目が高まった。さらに，2000年に国連から出された『ブラヒミ報告』以後は，紛争予防・平和維持・平和構築の継ぎ目のない統合がよりいっそう求められるようになり，なかでも最も重視されたのが平和構築であった。その平和構築の中心的な活動となったのが国家制度の再建，いわゆる「国家建設」である。冷戦後のほとんどの紛争が内戦であり，それらは政府側と反政府側の統治構造をめぐる争いであったことから，独裁者や腐敗政権による「人の支配」から脱却して，政府と社会構成員の間の社会契約を作り直して国家制度への信頼を取り戻す必要があった（篠田2018）。その目的のために重要なのが「法の支配」の確立であり，法の支配に則った国家制度の再建で重要になるのが，軍，法執行機関（警察など）や司法機関（裁判所など）といった治安維持に関わる部門の改革，いわゆる治安部門改革（SSR）である（上杉ほか2012）。

　SSRという概念には治安部門の能力を構築するという短期的な目標と，その体質

を改善して民主的統治や人権の尊重を実現するという長期的な目標の両方が含まれている（藤重2009）。冷戦期に米ソ超大国が自陣営の国々の軍・警察に行っていた支援は，訓練と機材・装備の提供が中心であったが（橋本2008），冷戦後は「開発の政治的側面（人権，民主主義，法の支配，良い統治）」への注目が高まった。軍や警察への技術的支援や装備の提供だけでは，腐敗した独裁政権の暴力装置という紛争の根本原因となる組織の性格は変わらない。また，専門的能力を持った法曹専門家（裁判官，検察官，弁護士など）の育成は法の支配の確立にとって不可欠である。こうした認識から，治安部門の改革・育成に人権規範，民主的統治，ジェンダー平等などの自由主義的な価値観が反映されたのであった。

　しかしながら，世界の様々な地域のSSRに対して，当初共通の手法を当てはめようとした「万能アプローチ（one-size-fits-all approach）」がSSRの支援を受ける国々の警戒感を引き起こした（Schnabel & Ehrhart 2005）。初期のSSRは，地域特有の政治的・文化的・歴史的条件をあまり考慮に入れないまま議論が進められる傾向があった。ここから，支援する側のアクター（主として西洋諸国）の自由主義的な価値観と，被支援国側の土着の価値観をどう融合させるか（ハイブリッドな国家建設）という視点が生まれてくる。

　とはいえ，現地固有の条件を考慮に入れてSSRを議論する研究も着実に増えている。1990年代半ば以降に，アジア・アフリカや旧ユーゴスラヴィアにおいて民族紛争と内戦が深刻化し，冷戦終結直後における理想の高まりが沈静化して徐々に幻滅へと変わっていく過程で，SSRの議論もそれが実際に行われている現地固有の条件を重視する，より現実的な研究が増えてきた。例えばティモシー・エドマンズは，クロアチアとセルビア・モンテネグロのSSRを取り上げる中で，現地における特定の文脈を無視してSSRにおける規範的前提を不可避のものと見なすことを批判している。エドマンズは，歴史的・政治的に好環境に恵まれていたクロアチアと，戦争に敗れて国内が政治的・社会的に分裂していたセルビア・モンテネグロとの違いを浮き立たせる比較分析を行っている（Edmunds 2007）。また，アフリカにおけるSSR支援は国家の公的機関を支援の中心的な対象としていて，非公式の制度には十分な注意を払ってこなかったと批判している研究もある（Bryden & Olonisakin 2010）。アフリカ諸国の治安部門は1960年代における独立後も植民地時代の性質を引きずっていて，国民よりも体制の権益を保護することを目的としていたため，国民に対する安全と司法の提供は土着の非公式の制度によってなされていたからである。さらに，パプアニューギニアとソロモン諸島，シエラレオネ，イ

ラク，東ティモール，モザンビーク，セルビア，コロンビア，ウルグアイ，ペルー，ジャマイカなどの SSR を事例として取り上げ，SSR を主導する地域固有のアクターによる SSR の分類を試みているものもある（Peake et al. 2008）。

　最も新しい例の一つとして，民主化を求める反政府運動が実際に政府を転覆させるに至った政変，いわゆる「アラブの春」が起こったエジプトやチュニジアなど北アフリカ・中東諸国における SSR 研究もある。例えばセドラは，政変後に行われている SSR は過度に規範的になってはならないと主張し，地域の政治的文脈を重視して段階的に改革を進めていくことの重要性を殊に強調している[1]。「アラブの春」の例でいえば，SSR で重視されている民主主義の促進と法の支配は，政変が起こったエジプトに対しては強く要求されても，同じくアメリカの同盟国であるサウジアラビアやバーレーンに対しては強く要求されないというダブル・スタンダードが現実に存在することから見ても，SSR の進展が政治的条件に左右されるものであることがわかる。

　このように，SSR は各地域固有の条件の下で実践される中で，SSR の各論に入っていけばいくほど，SSR の概念的・理論的議論との乖離が意識されるようになっていった。そして，地域によって大きく異なる SSR の特徴に対する関心が高まるようになった。一般的には，旧共産圏や南米諸国のようなポスト権威主義国における SSR では，既存の軍や警察の民主化が優先的に進められる。他方で，紛争中または紛争後まもない国家の SSR においては，治安部門の効率性と能力を高めて治安を改善させることの方が優先される。後者の場合，クラーマンの言葉を借りれば，体質の改善や民主的統治など SSR の長期目標に関わる「政治的な（political）」改革よりも，人数など組織としての形態をまずは整えることをめざす「組織的な（organizational）」改革の方が優先される傾向にある（Krahmann 2010）。それが最も明確な形で現れたのが，イラクとアフガニスタンにおける SSR であった。

---

1) Sedra, M., & Burt, G., "Security Sector Transformation in North Africa and the Middle East," *eDialogue Summary Report*, The Centre for International Governance Innovation（CIGI），2011〈https://www.files.ethz.ch/isn/131800/eDialogue%20Summary%20Report_0.pdf（確認：2020 年 1 月 13 日）〉

文献解題

藤重博美・上杉勇司・古澤嘉朗（編）『ハイブリッドな国家建設』ナカニシヤ出
版，2019 年。

　このように SSR 研究は，支援側と被支援側の政治的思惑
や価値観をどう橋渡しするかという問題に取り組んできた。
そしてこの問題は，支援側が持つ自由主義的な価値観と被
支援側のローカルな価値観の混合・融合（ハイブリッド）
をどう進めるかというより具体的な研究関心となって現在
に至っている。この問題に理論と事例の両面から取り組ん
だ邦語の研究が本書である。研究動向で述べた通り，西洋
諸国が前提とする国家の性質を非西洋の国々の国家建設に
一律にあてはめようとすることが批判されてきた。そし
て，その反動として「現地重視への転回（local turn）」と呼ばれる，現地社会の歴
史，伝統，価値観を重んじるアプローチが盛んになった。他方，度を越した現地重
視は，紛争の根本要因である腐敗した権力構造や差別・人権侵害・ジェンダー不平
等などを正当化・固定化する構造的暴力を温存させかねない（ⅰ頁）。現地のやり方
や制度になんらかの瑕疵があったからこそ内戦が起こったのであり，現地の方法論
の過度な尊重は改革を拒否する口実になる危険性がある（5 頁）。そこで出てきたの
が，中庸のアプローチとしての「ハイブリッド論」であった（9 頁）。

　本書は，国家建設の中でも特に政治性の高い SSR の中で，どのようなハイブリ
ッドが可能なのかを探る試論であり，理想のハイブリッド像を提示するのではなく，
多様で柔軟なハイブリッドの可能性を最新の事例を基に示すことの方に主眼が置か
れている。ただ，ハイブリッド論にも「ハイブリッド平和構築の成果をどう検証す
るのかが不明確」といった批判が向けられている [2]。現実の取り組みの検証方法が
ないのであれば，それを根拠に国家建設の処方箋を書くことは不可能である。本書
はこの批判に対する応答であり，どうすればハイブリッドを実用化できるのかを
示そうとしている。最終的に本書の結論章で提示されているのは，「もう一つのハ

2）山下光「ブリーフィング・メモ　平和構築と「ハイブリッドな平和」論」『防衛研究所
　ニュース』2014 年 3 月号〈http://www.nids.mod.go.jp/publication/briefing/pdf/2014/
　briefing_185.pdf（確認：2020 年 4 月 6 日）〉。

イブリッド」，すなわち被支援国内における政府・軍・宗教の上層指導者と草の根の住民の間の「ハイブリッド」の実現と，それを可能にする中層指導者（「橋架け人（Bridge Builders）」）のネットワークの場の醸成の重要性である。それは，支援側の国際ドナーと被支援側の現地アクターの間の「ハイブリッド」と言った場合の「現地アクター」とは一体誰を指すのかという，現場の実務者から出てくる必然的な問いに対する本書の回答の試みであるといえる。

引用・参考文献

上杉勇司・藤重博美・吉崎知典（編）『平和構築における治安部門改革』国際書院，2012年。
篠田英朗「国際平和活動をめぐる概念の展開」上杉勇司・藤重博美（編）『国際平和協力入門――国際社会への貢献と日本の課題』ミネルヴァ書房，2018年，pp. 42-62.
橋本敬市「治安分野改革（SSR）――質的転換と改革課題」『国際協力研究』24(1)，2008年，43-47.
藤重博美「「脆弱国家」の再建と治安部門改革（SSR）」稲田十一（編）『開発と平和――脆弱国家支援論』有斐閣，2009年，pp. 209-228。
Bryden, A., & Olonisakin, F., "Conceptualising Security Sector Transformation in Africa," in Bryden, A., & Olonisakin, F., eds., *Security Sector Transformation in Africa*, Geneva: Centre for the Democratic Control of Armed Forces (DCAF), LIT Verlag, 2010, pp. 3-23.
Edmunds, T., *Security Sector Reform in Transforming Societies: Croatia, Serbia and Montenegro*, Manchester: Manchester University Press, 2007.
Krahmann, E., "Transitional States in Search of Support: Private Military Companies and Security Sector Reform," in Chesterman, S., & Lehnardt, C., eds., *From Mercenaries to Market: The Rise and Regulation of Private Military Companies*, New York: Oxford University Press, 2010, pp. 94-112.
Peake, G., Scheye, E., & Hills, A., eds., *Managing Insecurity: Field Experiences of Security Sector Reform*, London & New York: Routledge, 2008.
Schnabel, A., & Ehrhart, H., eds., *Security Sector Reform and Post-Conflict Peacebuilding*, Tokyo: United Nations University Press, 2005.

参考資料

図 28-1　SSR の理念から実施への転換プロセス（著者作成）

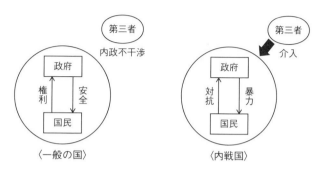

図 28-2　内戦状態（著者作成）

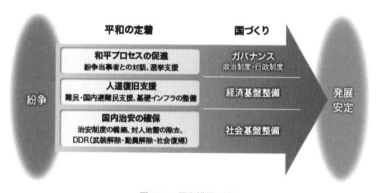

図 28-3　平和構築の流れ

（外務省 HP「わかる！国際情勢 vol.37　紛争後の国づくりを支える～平和構築の文民専門家」〈https://www. mofa.go.jp/mofaj/press/pr/wakaru/topics/vol37/index.html（確認：2021 年 2 月 26 日）〉の図を一部改変）

Chapter 29

デモクラティック・ピース

市原麻衣子

なぜ民主主義国同士は戦争をしないのか

　国家は時に，国益を守るべく戦争の手段に訴えてきた。侵略戦争，領土紛争，人道的介入など，原因はそれぞれ異なる。しかし，国家間戦争には一つの法則性がある。それは，民主主義国同士では今日に至るまで，戦争がほとんど発生していないということである。なぜ民主主義国同士は戦争をしないのだろうか。

研究動向

　民主主義国同士の不戦に関する議論は，デモクラティック・ピース（民主的平和）として理論化されている。国際関係論において経験的研究が理論形成に先行した珍しい分野であり，議論の土台は 18 ～ 19 世紀の啓蒙思想に遡ることができる。ジェレミー・ベンサムは，個々人が幸福を追求することで全体にとっての幸福追求が可能になる（「最大多数の最大幸福」）と論じ，世論の正しさを仮定することで，世論を反映する政治体制としての民主制を肯定的に捉える土台を形成した。より直接的にデモクラティック・ピースの議論に影響を与えたのは，イマニュエル・カントの『永遠平和のために』である。民主制（カントの言葉では共和制）の下では，人々が自由に意思を表明し，世論が政策に反映されるところ，世論は戦争を忌避する傾向があるため，結果的に平和をもたらす，とカントは論じた（カント 1985）。

　ただし，メルヴィン・スモールとデイビッド・シンガー（Small & Singer 1976）が指摘するように，民主主義国も非民主主義国と同様，戦争をすることはある。これに対し，民主主義国同士の組み合わせでは戦争がほとんど見られないとの議論が行われるようになったのは，1970 年代後半から 1980 年代のことである。マイケル・ドイル（Doyle 1983）とブルース・ラセット（ラセット 1996）の著作は，これに関する重要な議論である。民主主義国同士は，武力行使の威嚇さえ思いとどまる傾向があるということが明らかにされている。

　民主主義国同士がなぜ戦争をしないのかについては現在も議論が続いており，エルマン（Elman 1997）は，この理由として複数の要因が働いていると論じる。複数の説明要因のうち，ラセット（1996）は制度と規範を主要な説明要因と据え，多くの研究者がこれを実証・補強する議論を展開してきた。制度論的観点からは，民主主義国で発達した政治リーダーに対する制度的拘束が平和を導くと議論される。選挙，三権分立，外交政策決定過程に関わるアクターの多さと多様性など，民主主義国内では政治リーダーを抑制する要素が多い。こうした制度に拘束され，紛争の解決手段として戦争を選択することは容易ではないというのである。

　しかし，制度的拘束が平和の原因であれば，相手が民主的か否かにかかわらず，民主主義国は一方的に平和的手段を選択する可能性が高いはずである。従って，制度論的説明では民主主義国「同士」だけが戦争をしないことは説明できない。規範論的観点からの議論は，この点を補強する役割を担っている。規範論によれば，民主主義国は紛争の平和的解決を信じる規範を持っており，民主主義国同士が対峙する際には相手も同様の規範を保有していると仮定するため，互いに外交問題解決の手段として戦争を選択しないという。

　また，デモクラティック・ピース論に従えば，民主主義国が増加し，民主主義国同士の組み合わせが増加するにつれて，国際的には平和の可能性が上昇することになる。サミュエル・ハンティントン（1995）は，1970年代半ばから民主化の「第三の波」が起り，民主主義国が増加していると指摘したが，デモクラティック・ピース論に基づけば，これは国際平和を拡大する動きであったことになる。民主主義を主体的に促進しようとする試みも見られ，特に米国のクリントン政権は，冷戦後における米国の外交戦略を「関与と拡大」とし，既存同盟国との同盟関係を維持する「関与」を行う一方，米国が重視する市場経済と民主主義という価値を共有する国家を世界に「拡大」するとし，民主化支援を重視した。

　しかし，注意も必要である。エドワード・マンスフィールドとジャック・スナイダーによれば，民主化過程にある国は，権威主義国以上に戦争可能性が高い（Mansfield & Snyder 1995）。これには複数の要因があるという。第一に，民主化によって政治に関与するアクターの顔ぶれに変化が生じるが，民主主義移行国では安定的な連合形成が難しい。第二に，大きな社会変動の渦中にあって，政治的リーダーが自己利益に固執し，政治的な手詰まり状態を打開できなくなるケースがしばしば見られる。第三に，こうした状況下でエリート集団が大衆動員を行い，他のエリート集団の大衆動員に対抗することがある。そして第四に，吸い上げた国民の声

を上手く政治に反映し統合するのに必要となる政党，独立した司法制度，自由なメ
ディア，不正のない選挙制度などの民主的制度が未発達である。こうして，手詰ま
り状況が生じた際，短期的な利益追求から戦争手段を選択するインセンティブが高
まるという。実際，2011 年のアラブの春で民主化運動が巻き起こり，独裁政権が打
倒されたシリア，リビア，イエメンなどが，その後内戦に突入している。

文献解題

> ナウ, H. R.『アメリカの対外関与——アイデンティティとパワー』村田晃嗣ほか
> 　（訳），有斐閣，2005 年。

　デモクラティック・ピースの議論は，いわばリベラリズ
ムがリアリズムに突き付けた挑戦であった。リアリストは
国際平和の可能性について概して悲観的である上，力の分
布など国際システムの構造が平和の可能性に与える影響を
多かれ少なかれ論じる。これに対し，デモクラティック・
ピース論は，国家レベルの要因である国内の政治体制が国
際レベルの平和を導くと論じた。

　他方，ヘンリー・ナウの本書は，リベラリズムではなく
リアリズムとコンストラクティビズムの観点から，そして
国家レベルではなく国際レベルに焦点を当てた議論を行っており，それまでのデモ
クラティック・ピース論とは異なる視点を提示している。なお，本書は第一義的に
は米国の外交政策を分析対象としており，デモクラティック・ピースに関する研究
ではない。しかしナウは，国際システムにおけるアイデンティティの分布が国家の
対外政策と国家間関係を規定すると論じ，特に民主主義アイデンティティの分布に
着目しており，結果的にデモクラティック・ピースの議論を行っている。

　リアリストの間では，国家が最大化しようとするのはパワーなのか安全保障なの
かについて議論があるが，国家が国益のためにパワーを追求するという点ではコン
センサスが見られる。では国益はどのように規定されるのか。ナウは，国益を規定
するのは国家アイデンティティであると論じる。国家アイデンティティの影響を捨
象するリアリズムの議論は，国家間でアイデンティティの収斂が見られないアナー
キー構造を一概に仮定する。だがナウは，アイデンティティが収斂する構造におい
ては，戦争状態は必ずしも自然状態ではないと論じる。

　そして民主主義アイデンティティが収斂する米国，西欧諸国，日本の間においては，不戦規範が共有されているとする。これらの国々の間には，軍事的にはパワー分布の不均等な構造，経済的にはパワー分布がより均等な構造があり，軍事的には米国を中心に軍の指揮・統制システムの統合を促すヒエラルキー構造，経済的には相互の経済競争と協力を促す共同体的構造になっていると指摘する。そしていずれの構造においても，民主主義アイデンティティの共有により平和的な合意形成が重視され，戦争の可能性はほとんどないと論じる。

　ただし，民主主義アイデンティティを共有しない国々との間においても，パワー分布が不均等な覇権的構造が見られる際には，国家間関係は比較的安定すると説く。そして冷戦後に米国による単極構造となった国際社会を比較的安定したものと論じる一方で，中国の台頭がこの構造を突き崩し，不安定化をもたらす可能性があると指摘する。つまり，民主主義アイデンティティが収斂する場合，あるいはパワー分布が不均等な場合に国際平和の可能性が高くなるのであり，アイデンティティとパワーの分布をともに分析に組み込まなければ国際安全保障を理解することができないと示している。

　近年は日本も，米国のみならず豪州，インド，英国，フランスなどといった民主主義国との安全保障協力を拡大している。このことは民主主義アイデンティティを共有する国家間での安全保障共同体形成を論じるナウの議論に沿った現象のようにも見える。他方，どの民主主義国においても，近年ポピュリズムの高まりが激しく，排外主義が拡大し，人種や宗教に基づく差別も横行している。権威主義的リーダーに対する支持も広がっており，民主主義の制度的および規範的弱体化も見られる。コロナウイルスの発生はこうした状況をさらに加速させ，コロナウイルスに関する偽情報防止を名目とした反フェイクニュース法の策定による報道の自由や市民社会の抑圧などが多くの国で見られるようになった。緊急事態を名目とした議会の無効化や大統領への集権化が行われた国もある。民主主義国内における民主主義アイデンティティの弱体化と排外主義の拡大は対外政策をどのような方向に導くのか，民主主義国間の関係にどのような影響を及ぼすのか，研究の必要性が高まっている。

引用・参考文献

カント, I.『永遠平和のために』宇都宮芳明（訳），岩波書店，1985 年。
ハンチントン, S. P.『第三の波』坪郷　実ほか（訳），三嶺書房，1995 年。
ラセット, B.『パクス・デモクラティア』鴨　武彦（訳），東京大学出版会，1996 年。
Doyle, M. W., "Kant, Liberal Legacies, and Foreign Affairs," *Philosophy & Public Affairs*, 12(3),

1983, 205–235.

Elman, M. F., ed., *Paths to Peace: Is Democracy the Answer?* Cambridge, MA.: MIT Press, 1997.

Mansfield, E. D., & Snyder, J., "Democratization and the Danger of War," *International Security,* 20(1), 1995, 5–38.

Sarkees, M. R., & Wayman, F. W., *Resort to War: A Data Guide to Inter-State, Extra-State, Intra-state, and Non-State Wars, 1816–2007,* Washington, D.C.: CQ Press, 2010.

Small, M., & Singer, J. D., "The War-Proneness of Democratic Regions, 1816–1965," *Jerusalem Journal of International Relations,* 1(4), 1976, 50–69.

参考資料

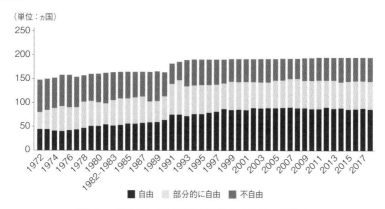

（単位：ヵ国）

■ 自由　　部分的に自由　■ 不自由

図 29-1　世界における政治体制の変遷, 1972 〜 2018 年

(Freedom House, "Freedom in the World Comparative and Historical Data: Country and Territory Ratings and Statuses, 1973–2019," 〈https://freedomhouse.org/report-types/freedom-world（確認：2019 年 11 月 14 日)〉)

表 29-1　国家間戦争リスト, 1816 〜 2007 年

(Sarkees & Wayman 2010)

Franco-Spanish War of 1823	Chaco War of 1932–1935
First Russo-Turkish War of 1828–1829	Saudi-Yemeni War of 1934
Mexican-American War of 1846–1847	Conquest of Ethiopia of 1935–1936
Austro-Sardinian War of 1848v1849	Third Sino-Japanese War of 1937–1941
First Schleswig-Holstein War of 1848–1849	Changkufeng War of 1838
War of the Roman Republic of 1849	Nomonhan War of 1939
La Plata War of 1851–1852	World War II of 1939–1945
Crimean War of 1853–1856	Russo-Finnish War of 1939–1940
Anglo-Persian War of 1856–1857	Franco-Thai War of 1940–1941
War of Italian Unification of 1859	First Kashmir War of 1948–1949
First Spanish-Moroccan War of 1859–1860	Arab-Israeli War of 1948–1949

表 29-1　国家間戦争リスト，1816 〜 2007 年（つづき）

Italian-Roman War of 1860	Korean War of 1950-1953
Neapolitan War of 1860-1861	Off-shore Islands War of 1954
Franco-Mexican War of 1862-1867	Sinai War of 1956
Ecuadorian-Columbian War of 1863	Soviet Invasion of Hungary of 1956
Second Schleswig-Holstein War of 1864	Ifni War of 1957-1959
Lopez War of 1864-1870	Taiwan Straits War of 1958
Naval War of 1865-1866	War in Assam of 1962
Seven Weeks War of 1866	Vietnam War Phase 2 of 1965-1975
Franco-Prussian War of 1870-1871	Second Kashmir War of 1965
First Central American War of 1876	Six Day War of 1967
Second Russo-Turkish War of 1877-1878	Second Laotian War Phase 2, 1968-1973
War of the Pacific of 1879-1883	War of Attrition of 1969-1970
Conquest of Egypt of 1882	Football War of 1969
Sino-French War of 1884-1885	War of the Coomunist Coalition of 1970-1971
Second Central American War of 1885	War for Bangladesh of 1971
First Sino-Japanese War of 1894-1895	Yom Kippur War of 1974
Greco-Turkish War of 1897	Turco-Cypriot War of 1974
Spanish-American War of 1898	War Over Angola of 1975-1976
Boxer Rebellion of 1900	Second Ogaden War of phase 2, 1977-1979
Sino-Russian War of 1900	Vietnamese-Cambodian Border War of 1975-1979
Russo-Japanese War of 1904-1905	Ugandan-Tanzanian War of 1978-1979
Third Central American War of 1906	Sino-Vietnamese Punitive War of 1979
Fourth Central American War of 1907	Iran-Iraq War of 1980-1988
Second Spanish-Moroccan War of 1909-1910	Falklands War of 1982
Italian-Turkish War of 1911-1912	War over Lebanon of 1982
First Balkan War of 1912-1913	War over the Aouzou Strip of 1986-1987
Second Balkan War of 1913	Sino-Vietnamese Border War of 1987
World War I of 1914-1918	Gulf War of 1990-1991
Estonian War of Liberation of 1918-1920	War of Bosnian Independence of 1992
Latvian War of Liberation of 1918-1920	Azeri-Armenian War of 1993-1994
Russo-Polish War of 1919-1920	Cenepa Valley War of 1995
Hungarian Adversaries of 1919	Badme Border War of 1998-2000
Second Greco-Turkish War of 1919-1922	War for Kosovo of 1999
Franco-Turkish War of 1919-1921	Kargil War of 1999
Lithuanian-Polish War of 1920	Invasion of Afghanistan of 2001
Manchurian War of 1929	Invasion of Iraq of 2003
Second Sino-Japanese War of 1931-1933	

Chapter 30 市民社会とグローバル・ガバナンス

市原麻衣子

市民社会はどのように安全保障ガバナンスに影響を与えるか

　国際関係論は伝統的に，国家間の安全保障を中心に分析を行ってきた。しかし，国際関係において市民社会の役割が看過できないと指摘されるようになって久しい。加えて，グローバル化の深化により，非国家主体の役割は益々増大してきた。では，市民社会はどのように安全保障分野におけるグローバル・ガバナンスに影響を与えるのだろうか。

研究動向

　市民社会とは，国家や経済社会とは異なる領域を指す。アレクシ・ド・トクヴィルの議論を踏襲したロバート・パットナムは，教会関連団体やスポーツ団体などの多様な，そして専ら非政治的な非政府・非営利団体らが構成する領域を市民社会と捉えた（トクヴィル 2015；パットナム 2001）。そして市民社会団体内における相互関係を通じて，各メンバーは他人を信頼し協力することを学ぶと論じ，これをソーシャル・キャピタル（社会関係資本）と呼んだ。パットナムは，このソーシャル・キャピタルが集合行為問題の解決を可能にすると論じた。

　トクヴィルやパットナムが研究対象としたのは非政治的な市民団体であったが，1970 年代に行われたジョセフ・ナイとロバート・コヘインの議論（コヘイン＆ナイ 2012）などに端を発し，政治的に活動する非政府組織（non-governmental organization：NGO）の役割に関する議論も盛んに行われてきた。1970 年代には，NGO が役割を担うのは政府が問題解決の能力または意思を持たない分野であると論じられ，そうした分野として，グローバル化が激しい環境，経済，人権など，ローポリティクスの分野が取り上げられることが多かった。

　しかし，1990 年代までに輸送・IT などの面で技術革新が見られると，市民社会による影響力行使の方法が拡大し，安全保障分野においてもしばしば影響力を発揮

するようになった。メアリー・カルドーは，冷戦構造の崩壊も NGO の影響による
ところが大きいと論じる。冷戦期，西側は東側政府の人権侵害を告発し，東側政府
は西側諸国が平和の疎外要因になっていると主張していた。こうした人権対平和と
いう言説上の対立構図を打開し，冷戦の終結に繋げることができたのは，東西 NGO
が平和と民主主義の連関を明確に示し，協同により「下からのデタント」を行った
ためである，とカルドーは議論する（カルドー 2007）。

　デボラ・アヴァントらが指摘するように，市民社会アクターはこうしてグローバ
ル・ガバナンスにおける主要なガバナーの一つとなった（Avant et al. 2010）。なお，
ロバート・コヘインとジョセフ・ナイ（2012：12）はガバナンスを，「ある集団の集
合的活動を導き，制限する公式・非公式の手続きと制度」と定義しており，グローバ
ル・ガバナンスは，グローバルなレベルにおけるそれといえる。個別分野の制度群
を示すレジーム概念と異なり，グローバル・ガバナンスは分野横断的で包括的な制
度から成り（Young 1999），構成する制度には公式・非公式のもの，および公的・私
的なものがある。ケネス・アボットとダンカン・スナイダルは，国家を主体として
行われる「古いガバナンス」に対し，NGO や企業などの民間アクターが関わるガバ
ナンスを「国境を超えた新しいガバナンス」と捉えている（Abbott & Snidal 2009）。

　NGO は国家を代表しているわけでもなく，国連総会で投票権を持っているわけ
でもない。そのような NGO が国際社会においてどのように影響力を行使するのか。
マーガレット・ケックとキャサリン・シッキンク（Keck & Sikkink 1998）によれば，
NGO はネットワークを形成し，国家あるいは国際世論を通じて影響力を発揮する
という。その際，情報提供を行うことで人々の意識を高めようとすることもあれば，
問題の善悪化を行い，人々の判断を容易にすることもある。派手なパフォーマンス
を行って注目を集め，問題の告発や特定の政策支持を表明するアドボカシー活動を
することもあれば，ロビー活動によって政策形成者に働きかけることもあるという。

　こうした方法を用いて市民社会が安全保障領域で大きな役割を担った例として
は，対人地雷禁止条約の締結がしばしば挙げられる。リチャード・プライス（Price
1998）は，それまで兵器として軍事的効力の観点から議論されていた対人地雷を，
市民社会ネットワークが人道の観点から捉え直し，対人地雷に関する議論の方向性
を倫理的議論に転換させたと指摘する。こうして NGO は，対人地雷禁止に向けた
国際的圧力の醸成に成功し，対人地雷禁止条約の締結を導いたのである。

　また，アボットら（Abbott et al. 2015）は，NGO を含むグローバル・ガバナンスの
アクターに対し，国際組織が関与を促し役割分担を促進するといった「オーケストレ

ーション」（調和的編成）を行うと論じる。そして NGO などの民間アクターは主に媒
介アクター（intermediary）として作用し，国家の動きに影響を与えると議論する。

文献解題

金敬黙『越境する NGO ネットワーク──紛争地域における人道支援・平和構
築』明石書店，2008 年。

　上記の通り，非国家主体研究の多くは，アドボカシー活
動を行う NGO に焦点を当てている。しかし NGO の中に
は，現場に人を派遣して支援・実態調査活動などを行うフ
ィールド活動型 NGO も多い。金敬黙の本書は，こうした
フィールド型 NGO を研究対象としている点で独自性を持
つ。そして本書は，カンボジア和平を巡る NGO の動きを
取り上げ，紛争期における人道支援活動と紛争後の平和構
築活動に見る NGO の関与機会と制約，関与決定要因，そ
して NGO のインパクトを分析する。

　グローバル市民社会論では，NGO の能力や影響力に焦点が当てられる一方，限
界について議論されることが少ない。これに対し金は，グローバル化が進展した今
日にあっても，非国家主体の動きは国家の政策に大きく規定されることを示してい
る。ポルポト派による虐殺とその後の内戦により多大な人道被害を出したカンボジ
アに対し，西側 NGO は 1970 年代後半より人道支援を行った。しかし，ベトナムの
後ろ盾の下で 1979 年に成立し，ソ連からも支援を受けるヘン・サムリン政権下の
カンボジア国内に西側アクターがアクセスすることは難しかった。アクセスが可能
であったのは，ヘン・サムリン政権と敵対する 3 派が拠点を置き，国連およびタイ
政府の管轄下にあったタイ・カンボジア国境付近の難民キャンプであった。そのた
め米国 NGO は，義援金のほとんどを国境付近の難民キャンプ支援に用いた。この
ことは，国家間関係の影響により，支援可能な地域と支援の必要性が高い地域，お
よび支援することが望ましい地域が必ずしも同一化しないという問題を提起してい
る。本件では，集団虐殺を行ったポルポト派の拠点も人道支援の対象になるという
皮肉な結果となった。

　ただし，同じ西側諸国の NGO であっても，支援対象国政府との関係性は必ずし
も同様ではない。そのため，批判を恐れず活動すれば，同一陣営内でも多様な動き

が可能になることも金は示している。カンボジア国内への人道支援欠如については，この是正に動いたのは英国の NGO であるオックスファムであった。欧州諸国で激しい反ベトナム戦争活動が起きたことから，米国と戦火を交えたベトナム政府は，欧州に対しては信頼を置いていた。そのためベトナム政府は，欧州の市民社会に対して国内への人道支援を求め，これを受けてオックスファムは国際 NGO ネットワークを形成し，人道支援活動を可能にしたという。ただし，ヘン・サムリン政権がカンボジア国内でのモニタリングを厳しく制限したことから，援助物資の横流し等が疑われ，オックスファム NGO コンソーシアムの人道援助に対する不信感も高まった。その結果，継続的な資金調達が困難となるという限界もあった。

　さらに，金は，国際 NGO ネットワークが構成主体間で学習効果を持つことも示している。1990 年代にはカンボジア国内で多数の人権 NGO や選挙監視 NGO が誕生し，選挙監視，アドボカシー活動，有権者教育，選挙プロセス評価などを行い，民主的選挙の実施を担保すべく活動を行った。金によれば，こうした NGO の誕生や活動内容は，国際アクターの支援や国際ネットワークへの参加経験によって裏付けられていたものであったという。

　本書が出版されたのは 2008 年であったが，2000 年代半ばまでは市民社会の黄金期であった。しかし，金（2008：176-177）も言及するように，2000 年代半ば以降，世界中で政府による NGO の締め付けが強化されている。リベラル秩序を積極的に支える国家アクターが減少し，NGO 活動がもたらす影響力は今後，さらに縮小することが予想される。NGO はこの状況を国際ネットワークの形成により打開できるのか，そして締め付けが強化されるなか，実効性の高い国際ネットワークの形成は可能なのか，新たな研究が必要とされている。

引用・参考文献

カルドー, M.『グローバル市民社会論──戦争へのひとつの回答』山本武彦・宮脇　昇（訳），法政大学出版局，2007 年。
コヘイン, R.・ナイ, J. S.『パワーと相互依存』滝田賢治（訳），ミネルヴァ書房，2012 年。
トクヴィル, A.『アメリカのデモクラシー　第 1・2 巻，上・下』松本礼二（訳），岩波書店，2015 年。
パットナム, R. D.『哲学する民主主義──伝統と改革の市民的構造』河田潤一（訳），NTT 出版，2001 年。
Abbott, K. W., et al., eds., *International Organizations as Orchestrators*, Cambridge: Cambridge University Press, 2015.
Abbott, K. W., & Snidal, D., "Strengthening International Regulation Through Transnational New Governance: Overcoming the Orchestration Deficit," *Vanderbilt Journal of Transnational Law*, 42(501), 2009, 501-578.

Avant, D. D., Finnemore, M., & Sell, S. K., "Who Governs the Globe?" in Avant, D. D., Finnemore, M., & Sell, S. K., eds., *Who Governs the Globe?* New York: Cambridge University Press, 2010.

Karns, M. P., Mingst, K. A., & Stiles, K. W., *International Organizations: The Politics and Processes of Global Governance, Third Edition,* Boulder and London: Rienner, 2015.

Keck, M. E., & Sikkink, K., *Activists beyond Borders: Advocacy Networks in International Politics,* Ithaca, NY and London: Cornell University Press, 1998.

Price, R., "Reversing the Gun Sights: Transnational Civil Society Targets Land Mines," *International Organization,* 52(3), 1998, 613–644.

Keohane, R. O., & Nye, J. S. Jr., "Introduction," in Nye, J. S. Jr., & Donahue, J. D., eds., *Governance in a Globalizing World.* Washington, D.C.: Brookings Institution Press, 2000.

Young, O. R., *Governance in World Affairs,* Ithaca, NY and London: Cornell University Press, 1999.

参考資料

表 30-1 国連主催グローバル会議への参加主体数
(Karns et al. 2015：255)

会議テーマ	参加国数	参加 NGO 数
環境 (1972 年)	114	250
子ども (1990 年)	159	45
環境と発展 (1992 年)	172	1,400
人権 (1993 年)	171	800
人口と発展 (1994 年)	179	1,500
社会発展 (1995 年)	186	811
女性 (1995 年)	189	1,200
人間定住 (1996 年)	171	2,400
持続可能な開発 (2002 年)	191	3,200
持続可能な開発 (2012 年)	192	737

表 30-2 NGO の機能 (Karns et al. 2015：258)

- ・情報収集・公表
- ・一般大衆向けの問題フレーム化
- ・ネットワークの形成・動員
- ・大衆参加の向上
- ・政策・ガバナンスにおける変化提唱
- ・国際会議への参加
  - – 問題提起
  - – ポジション・ペーパーの提出
  - – ロビー活動
- ・国家権威が欠如する分野におけるガバナンス実行

表 30-3　人道支援と平和構築における NGO のフィールド型・アドボカシー型活動 （金 2008：34）

	紛争期における人道支援		紛争後の平和構築	
	緊急援助	復興支援	開発協力	民主化支援
フィールド型	実態調査，物資の調達と配布，モニタリング，復興支援のための基礎調査やプロジェクト		有権者教育，現地 NGO の支援と育成，選挙監視活動など	
アドボカシー型	世論の喚起，情報交換，資金の調達，調査研究活動，圧力行使，政策提言など		政策監視（ODA ウォッチ），政策提言やロビイングなどの圧力行使など	

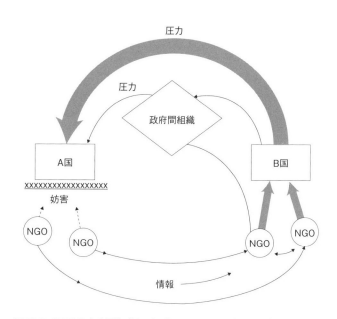

図 30-1　NGO による圧力パターン （Keck & Sikkink （1998：13） を一部改変）

事項索引

人名索引

191

執筆者紹介（編者は *）

━━━

小田桐 確 *（おだぎり たしか）
関西外国語大学外国語学部准教授
担当：01, 09

岸野浩一（きしの こういち）
関西外国語大学外国語学部助教
担当：02, 04, 05, 10, 19, 24

鶴見直人（つるみ まさと）
関西外国語大学短期大学部准教授
担当：03, 07, 11

阿部悠貴（あべ ゆうき）
熊本大学法学部准教授
担当：06, 18, 23, 25

永田伸吾（ながた しんご）
金沢大学人間社会研究域法学系客員研究員
担当：08, 13

今田奈帆美（こんだ なおみ）
青山学院大学非常勤講師
担当：12, 14, 20, 26

長谷川 晋（はせがわ すすむ）
関西外国語大学英語国際学部准教授
担当：15, 16, 21, 27, 28

市原麻衣子（いちはら まいこ）
一橋大学大学院法学研究科，国際・公共政策大学院准教授
担当：17, 29, 30

福海さやか（ふくみ さやか）
立命館大学国際関係学部准教授
担当：22

戦争と平和ブックガイド
21 世紀の国際政治を考える

2021 年 9 月 30 日　　初版第 1 刷発行

　　　　　　　編著者　小田桐 確
　　　　　　　発行者　中西　良
　　　　　　　発行所　株式会社ナカニシヤ出版
　　　　　　　〒606-8161　京都市左京区一乗寺木ノ本町 15 番地
　　　　　　　　　　　　　　　Telephone　075-723-0111
　　　　　　　　　　　　　　　Facsimile　075-723-0095
　　　　　　Website　http://www.nakanishiya.co.jp/
　　　　　　Email　　iihon-ippai@nakanishiya.co.jp
　　　　　　　　　　　　　　　郵便振替　01030-0-13128

印刷・製本＝ファインワークス／装幀＝白沢　正
Copyright © 2021 by T. Odagiri
Printed in Japan.
ISBN978-4-7795-1593-4